公民参与司法研究

——以刑事司法为视角

陈　敏　编著

西北工业大学出版社

【内容简介】 本书主要介绍公民参与司法的一些基本问题及世界范围内公民参与司法的形式及内容。本书的研究改变以往以两大法系为视角，而是将研究重点转向韩国和日本的相关制度，通过分析公民参与刑事司法在我国当前的现状及主要问题，进而提出我国公民参与刑事司法的制度构建与完善。

本书适用于研究刑事司法制度和司法改革的读者。

图书在版编目(CIP)数据

公民参与司法研究：以刑事司法为视角/陈敏编著．—西安：西北工业大学出版社，2012.9

ISBN 978-7-5612-3484-6

Ⅰ.①公… Ⅱ.①陈… Ⅲ.①刑法—研究—中国②刑事诉讼法—研究—中国 Ⅳ.①D924.04②D925.204

中国版本图书馆 CIP 数据核字(2012)第 231258 号

出版发行：西北工业大学出版社

通信地址：西安市友谊西路 127 号　　**邮编**：710072

电　　话：(029)88493844　88491757

网　　址：www.nwpup.com

印 刷 者：陕西宝石兰印务有限责任公司

开　　本：850 mm×1 168 mm　1/32

印　　张：5.125

字　　数：123 千字

版　　次：2012 年 9 月第 1 版　　2012 年 9 月第 1 次印刷

定　　价：15.00 元

前　言

“公民参与司法”这一问题研究虽经几百年历史，但迄今仍具有旺盛的生命力，在世界各国司法改革的浪潮中发挥着重要的影响。在我国，随着司法体系运行逐渐步入正轨，一些体制上的问题开始凸显，其中司法权运行所面临的最大问题是司法公信力缺失，其权威性和终局性受到前所未有的挑战。因此，司法界着手推行相关方面的改革，其中公民参与司法作为改革的重点被提上日程。

国内外关于“公民参与司法”的专门研究项目与专著比较罕见。对于陪审团问题，有数位学者做过初步研究，但对日本、韩国的参审制度及其理论基础、实践情况，现有的研究并不深入。中国人民大学陈卫东教授近年主持的公民参与刑事司法课题引发了学术界的热烈讨论和对此问题的深度挖掘，为本书的完成提供了难得的研究平台。

“公民参与司法”贯穿于我国的刑事侦查、起诉、审判、执行的各个环节并有着多种表现形式，但在实践中还存在着各种问题亟待解决。笔者运用比较研究及实证研究的方法分析此种状况的原因，并进一步探析“公民参与司法”在刑事司法活动中的需求与制度设计，如何对国际化经验加以借鉴，找到适合中国国情的司法参与的恰当形式与制度设计。

“公民参与司法”问题研究具有很强的理论意义和实践意义，本书的写作以笔者的导师和自己的课题为依托，进行了大量的实证调研并获取了第一手资料。就比较法研究部分而言，关注的视角转向与我国文化传统更为接近的东亚国家，如韩国、日本等，改变过去过于依赖两大法系传统代表性国家的做法。

本书共分为5章。内容包括公民参与司法概述；公民参与司法的理论基础，如法理、宪政基础，贯彻司法民主的有效途径及其价值分析；公民参与司法的比较研究——以陪、参审为例，对两大法系作一比较，重点研究、比较韩国和日本的相关制度；公民参与刑事司法在当前中国现状及主要存在的问题；最后是我国公民参与刑事司法的制度构建与完善。通过对刑事诉讼的各个阶段，即立案侦查、审查起诉、审判、执行程序中，各种公民参与司法形式的不足之处的分析，笔者粗浅地提出构建我国公民全方位、全过程参与司法的规定及司法实践适用规则的初步设想。由于学术水平及个人能力所限，笔者只是对这个研究课题及其适用进行了简要的介绍，并对此问题本土化构建提出了不成熟的想法。公民全过程实质化的参与司法是我国司法改革前进道路上必须坚持的方向，许多学者的著书立说以及实务界取得的累累硕果已经充分地证实了这一点。但是，在业已取得的成果的光辉之下，我们仍须关注新的制度设计与已有的法律机制之间潜在的冲突和对抗，并寻求合理的解决方式。因此，对于这一复杂问题的探索，还需要建立在更多的理论积累和司法实践经验上，笔者愿在这条路上继续前进，并以此作为开端。

借本书出版之际表达最真诚的感谢。中国人民大学陈卫东教授使笔者的学术生涯发生了质的飞跃，并且为笔者的研究工作提供了难得的学术平台。同时，向笔者的爱人郭晓辉博士、父母、儿子献上最真挚的感谢！感谢他们的相伴和支持！

本书是笔者承担的西安理工大学2011年校基金“公民参与司法问题研究”(109－211016)的最终成果。鉴于国外部分研究材料及笔者水平的限制，书中错误之处在所难免，因此只能暂时留待日后继续研究，恳请读者不吝赐教。

陈　敏

2012年6月

目　　录

绪　言

(一)选题的背景

2010年春,在中国人民大学学习期间,一次与何家弘教授的得意门生"侍书茶童(网名)"闲聊之余了解到何教授当时正在网上进行"李庄"案的虚拟审判,恰巧这时我的导师陈卫东教授正在做公民参与司法问题的研究。于是激发了我研究"公民参与司法"这一问题的兴趣,本书的完成得益于我的导师为我进一步的研究提供了非常宝贵的科研条件和难得的平台。

这些年来公众或多或少关注,并可能产生影响的重大案件一件件浮现于脑海。每起案件发生并引起公众关注时,都会激起相关的法律问题、社会问题的民众大讨论。如"刘涌案"引发对程序正义的思考,对媒体和司法关系的关注;"躲猫猫案"引发对看守所的反思;"邓玉娇案"引发民众的平权情绪;"许霆案"更是激发了全民讨论案例的热情。此外,还有一系列耳熟能详的"杜培武案""佘祥林案""赵作海案""聂树斌案"等。在这些案例背后折射出老百姓参与司法的热情越来越高涨,几乎形成全民司法案例的持续高潮。这其中的重要原因就是公民们越来越觉得司法靠近自己并和自己相关了,这些案例再也不是遥远的书斋中的玩物,而是我们表达自己的主张,选择自己的模式,甚至宣泄自己情绪的最好方式。那种网络上的言论、出版、结社、游行示威,甚至吵闹、攻击、谩骂和打架,也成为中国即将到来的民主自由时代最好的演练场地。

"药家鑫案"硝烟未尽,又迎来了"李昌奎案"。学者们不同声音的交错,网民们不同意见的争鸣,共同绘制了一幅全民司法的画卷。这将是中国司法的一个拐点,其表明中国司法进入这样一种模式，那就是全民司法模式。无论是人民陪审制度，还是河南尝试的人民陪审团，与这个一直运作的全民司法、网络陪审制度相比，都显得有些微不足道了。面对如火如荼的全民司法模式，需要专业法学家的参与，需要专业律师的加入，更需要普通但不乏理性的公民有序的良性互动。

（二）选题研究的意义

中国的司法制度及其司法改革经过30年的发展，取得了长足的进步。然而随着中国社会逐渐步入到经济高速发展的矛盾凸显期，司法制度也面临着前所未有的挑战。其中当前社会最为突出的有关司法制度的一项基本问题为民众对司法的严重不信任。司法工作距离普通群众的生活越来越远，普通民众对于司法越来越陌生。近期频发的媒体、网络对司法的非理性炒作，从一个方面反映出民众对司法的陌生与误解。民众对司法的不信任导致中国司法制度乃至社会制度中出现了一个令全社会以及执政者最为困惑的问题——上访。上访这一独具中国特色的主张权利的方式将司法制度的弊端暴露无遗，其中司法上访又被认为占据了上访中的多半。温家宝总理谈及上访问题时表示，其自身接触上访的经历粗略统计，涉诉涉法上访占到全部上访个案中的六成之多。解决这一问题的根本出路并不在于对司法制度的细枝末节进行修改，而应当从更为全面、宏观的角度审视司法制度的发展路径、改革动力问题。我们认为，改进、加强民众对司法的参与才是解决问题的有效途径之一，只有公民真正、有效地参与到司法过程中，民众才能接近司法、了解司法、信任司法。纵观世界上法治发达国家的司法改革历程，其实践经验无一不昭示我们，要想取得改革的最终胜利，实现司法的价值，必须重视公民在司法进程中的参与程度，善于倾听民意。如日本司法制度改革审议会于2001年向内阁提交的“日本司法制度改革审议会意见书”——《支撑21世纪日本的司法制度》——中就提出“通过引进让国民广泛参与诉讼程序等制度来提高国民对司法的信赖感"的改革基本方针。同样，为增加公民对司法的参与，英国于 2002 年 7 月在其司法改革报告——《所有人的正义》——中建议"增加公众与刑事司法机构的沟通，希望刑事司法的所有部门充分了解社区民众的意见，并考虑通过适当的方式向他们提供各种信息"。[①] 纵观世界各国，法官素质不相同，但其公民参与司法体现的现代司法理念和价值却是相同的，公民参与司法已经成为现代民主法治国家的特征之一。公民参与司法符合宪法原则，体现了司法民主的价值理念，保障了群众对审判工作的知情权、参与权、表达权和监督权，扩大了司法民主，深化了审判公开。它是各国司法制度改革追求的目标，其中蕴涵着深厚的价值理念。

最高人民法院院长王胜俊指出："人民法院工作的人民性和中国的具体国情，决定了我们的司法必须坚持走专群结合的道路。"坚决走"司法依靠群众、群众参与司法；司法服务群众、群众认同司法"的司法大众化的新路子。两者功能上的优势和存在的现实基础，也有其自身难以克服的弊病。前者代表着一种"精英文化"，后者代表了"平民文化"，同时，两者的优势和弊病又有很大的互补性，自身的弊病正是对方的优点。如果能科学地将两者结合起来，实现科学的法官职业化和民众参与司法良性互动，其作用也将得到最大发挥。其实这一问题，不仅是在中国，即使是在世界各国司法改革中都是争论非常激烈的话题，因为它不仅牵涉一国司法改革理念的确立，更关系到一国司法改革道路的选择。

加强公民的司法参与也有助于减轻法官的压力，改变当前所有社会矛盾均由法院、法官独自大包大揽的局面，让社会承担更多的解决纠纷的职能，并同时推进纠纷解决对 NGO（非政府组织）等

---

① 作者不详. 通过改革保障公民参与司法. http://www.21gwy.com/cubwen/sfzdla/4380/214380.html/,2008-06-18.

中介组织的作用，发挥其社会减压阀的特有功能。据笔者了解，时下全国一些法院进行了刑事审判人民陪审团制度的试点。但调研后发现，实际上法院方面还是比较青睐政府部门的人民陪审团成员，而作为公职人员的此类人群过多参与陪审，是不利于陪审团民意代表性的。实践中多数人民陪审员依然是陪而不审，被戏称为“聋子的耳朵——摆设”，陪审制度对地方法院而言主要的功用是充实审判力量，解决案件不断增多而法官人数有限的现实困境。但从制度层面考量，因为没有相关的法律依据，司法适用上缺乏明确的法律规范。这些省份及地区的陪审团制度改革，也面临着一些问题：这样的改革触及了刑事诉讼的基本制度，在没有立法支持的前提下推进，难免会背负上僭越法制的“骂名”并成为此制度发展的瓶颈，离我们的初衷——公民参与司法应当实质化——是背道而驰。因此，笔者将此问题作为本书探讨的内容，希望能从法律规范上推进公民参与司法实质化。

（三）国内外研究现状

在西方学者的研究语境中，关于陪审团的研究，不论是基础理论研究还是实证研究，均成果累累，这为研究的展开提供了丰富的参考资料。

从国内研究的角度来看，关于公民参与司法的专门研究项目与专著比较罕见。关于陪审团问题，有数位学者做过初步研究，而对日本、韩国的参审制度或者大陆法系的参审制度及其理论基础、实践情况，现有的研究并不深入。理论界曾经就司法的职业化与大众化问题展开过激烈的争论，不足之处在于辩论之后对该学术争论没有深入地进行总结。中国人民大学的陈卫东教授近年来在此问题上有所建树，他提出的理论独树一帜，并主持过相关的课题和国内学术会议，公开出版了云集此领域各位专家学者研究成果的论文集。

当前对这一课题的理论研究中最大的不足在于缺乏对于公民

参与司法的系统性、开创性的基础性研究。比如对于一系列基本理论命题并未给予充分的回应与挖掘:公民参与司法的多种表现形式、在中国实践中的状况以及形成此种状况的实践原因何在;公民参与司法的法理学基础;公民参与司法在刑事司法活动中的需求与制度设计;如何对国际化经验加以借鉴,找到适合中国国情司法参与的恰当形式与制度设计。

(四)研究的基本思路

本书总体研究思路为注重交叉学科的基础性研究工作,关注国际化背景下的公民参与司法大趋势与中国实践中的知识。多学科之间的交叉研究分别关注如下问题:

1.公民参与司法的内涵

从公民参与司法的语境分析入手,来看世界范围内公民参与司法的形式、有效性及程度,并进一步总结出理论规律性的问题:司法职业化与司法大众化之间的互动关系。其中,我国法官职业化与民众的司法参与度在我国理论界和司法实践中仍存在不同的认识和做法。我国公民参与司法可以概括为两种形式。一种是公民基于相关性参与司法,其中包括控告、检举犯罪活动,证人作证、被害人陈述,不服判决、裁定的申诉等。另一种是公民作为决策者参与司法,例如人民陪审员作为合议庭成员审理案件,人民调解员化解民间矛盾纠纷等。

2.公民参与司法的法理基础与宪政基础

分析公民参与司法的宪政基础、法理基础,重点从法理学、法社会学的视角对公民参与司法的依据、形式、有效性、程度与实践效果展开分析;从宪法及宪法学的角度,分析公民参与司法的宪法价值、途径以及在此问题上,宪法与各部门法的互动关系。

3.公民参与司法的比较研究

从世界范围来看,加强公民参与刑事司法行为的决策正逐渐成为一种国际化趋势。比如英美法系的陪审团制度正在越来越多的国家中扎根或者重生。中国的近邻韩国与日本分别于近期启动了各自的公民参与司法的改革活动，而且这种改革趋势还成为了两国近期刑事司法系统或者《刑事诉讼法》修改的重要动因。日本2009年开始实施的人民裁判员制度与韩国《刑事诉讼法》修改中增设的参审制度对于文化背景较为相似的我国，无疑具有重大的参考价值与启发意义。

4. 公民参与刑事司法

以参与刑事司法为对象，对我国公民参与司法的历史及其现状和问题进行分析；分别对公民参与刑事司法各环节的现状与改善途径进行分析，包括公民参与侦查、起诉、审判与执行四大程序；研究重点为公民参与刑事审判的机制。

近几年，我国司法改革的一些措施，体现了公民参与司法的深度，体现了我国用外力医治司法腐败的决心，如审判公开、检务公开，少年法庭特邀陪审员制度，公民协助社区矫正，检察机关试行人民监督员制度等。但公民参与司法应当实质化，充分体现司法民主，既有助于增强司法权威，真正落实司法为民的执政政策，又有助于推进司法独立、司法公正。从解决我国问题的微观侧面与对策研究的角度来看，公民参与司法也有助于从根本上遏制涉诉信访这一严重的社会问题，提供一种全新的解决司法信访问题的可能方案。实现这一目标，需要结合中国的国情、借鉴国外的经验和制度设计，探索在中国推进公民参与司法的最佳途径。

（五）研究的方法

本书主要依赖比较研究与实证研究两种研究方法，辅之以历史分析与注释分析的方法，并集中整理、翻译目前韩国、日本以及两大法系代表国家关于公民参与司法的最新进展方面的资料，夯实比较法方面的基础。同时对现有的文献进行整理，梳理已有研究的成果以及不足，分析出进一步开展比较研究以及实证研究的方向。本书采用综合的实证调研方法开展研究，包括访问法官、人民陪审员，阅览人民陪审员参与庭审的庭审记录以及案卷材料，访问案件的当事人了解其对人民陪审员的看法，调阅法院对人民陪审员的管理档案资料。同时，本书的实证研究还将涉及人民检察院的人民监督员等体现公众参与司法的制度设计。

第1章　公民参与司法概述

1.1　公民参与司法的概念及意义

21世纪的中国，公民参与司法可谓蓬勃兴起。那么为什么在当代中国，公民参与司法会成为热议的话题呢？它又有何形式、内容和现实需要呢？回答上述问题，就首先要分析公民参与司法产生的起源。学术研究的起点应该是从其起源和概念入手，理清研究的内容和范围，为后续研究做好基础性工作。

1.1.1　公民参与司法的起源及概念

（一）公民参与司法的起源

通过历史，我们对其反映出的语境进行分析。“一切为了群众、一切依靠群众，从群众中来、到群众中去”是党的群众路线，这是我们的事业不断取得胜利的重要法宝，也是我们党始终保持生机与活力的重要源泉。毛泽东同志曾经说过“人民，只有人民，才是创造世界历史的动力。”马克思主义群众史观认为，人民群众是历史的主体，是历史的创造者。在中国发展的漫长历史中，广大人民群众创造了几千年的文明史。中国共产党成立90多年来，人民群众在党的领导下，实现了民族独立、人民解放，确立了社会主义制度，进行了改革开放这一新的伟大革命，开创、发展了中国特色的社会主义。抗战时期，马锡五同志任陕甘宁边区高等法院陇东分庭庭长时积极实践并创造了群众路线的审判方式。这是一种将群众路线的工作方针运用于司法审判工作的审判方式，受到群众的欢迎。"马锡五审判方式"的称谓随之诞生。它是指贯彻群众路线、密切联系群众，从群众中来、到群众中去，调判结合的办案方法。[①] 马锡五审判方式在今天仍然受到司法界的推崇和借鉴，因为它蕴涵了便民、为民理念，调判结合的办案方法，直到今天仍有很强的现实意义。公民参与、定纷止争、调处息争，这些都是马锡五审判方式的基本理念和合理内核，它不会随着时代变迁、法治进步的脚步而改变。在马锡五时期，法制相对来说是比较落后的，在这样的情况下，边区司法机构能够创造出马锡五审判方式这样一种较为独特、民主、大众化的审判方式，无疑是历史的巨大进步。而当下，不论是理论界还是实践界热议的"公民参与司法"正是从当代中国的语境来解读群众路线司法模式、全民司法模式，使司法更好地为人民服务，从群众中来、到群众中去。近年来，"公民参与司法"改革运动，蓬勃发展之势，特别是陪审团这一项古老的制度这些年又焕发了生机。

让我们将目光投向西方的法律文明史。西方法律文明史上被称为与耶稣的审判一样让人印象深刻的苏格拉底审判，为我们提供了大致解读古希腊民众参与司法的起源案例。[②] 公元前 399 年，苏格拉底由于对雅典的伪民主进行猛烈的抨击，在他 70 岁那年被三个卑鄙的政客指控犯下了两项罪名：第一，恶毒攻击雅典民主，犯了叛国罪；第二，有害思想误导青年，犯了煽动罪。当时雅典城的司法判案，是从 10 个部落里各选出 50 人组成一个 500 人的公民大会进行审判。雅典刑事案件审判中陪审员共投两次票：第一次是表决是否有罪；若有罪，陪审团就量刑再投一次票。如果正反票数一样，就按有利于被告人的方式解决。最后荒谬的法庭以 280 ∶ 220 的多数票判决苏格拉底死刑。

① 郑重. 继承与反思：评马锡五审判方式. 法制与社会，2011(2).

② 斯东 I F. 苏格拉底的审判. 董乐山，译. 上海：三联书店，1998：229.

在古罗马，出现过两种普通民众参与裁判的形式。一是在早期的“誓金法律诉讼”中，做出裁定的人民裁判员可能是由裁判官与双方当事人协商后选定的一个私人，也可能是“百人审判团”或“十人审判团”。[①] 二是随着诉讼和刑罚的世俗化以及神明裁判的消失，产生了向民众申请制度以及“民众诉讼”，即对于判处市民死刑的案件，通常以执法官直接向民众会议提出控告的方式开始，随后控辩双方在由民众参与的审判中进行辩论，然后以民众的判决而告终。随着罗马法律制度的不断发展，民众集体裁判的方式也不断完善。如对陪审员的挑选、陪审员与裁判官的分工，法律审与事实审的区别等。对陪审员的挑选程序大致为：由裁判官准备一份从骑士中选出的 450 名市民的名单，每个诉讼的控告人均应从这份名单中挑选出 100 人并将中选者的名单通知被控告者，被控告者再从这 100 人中选出 50 人组成陪审团。从苏格拉底时代起，就开始以抽签的方式代替控告者的初选和被控告者随后的挑选。而对于陪审员的挑选，因涉及敏感的政治利益，涉及陪审员应当从哪个阶层中挑选这个问题，历来引起各利益集团的争议。故公元前 70 年《奥勒留法》规定，在陪审员名单中元老院议员的人数、骑士的人数和司库长的人数应当相等，每次诉讼从各类别人员中抽签选出同等数额的陪审员。[①] 同时，古罗马的裁判官与陪审团在诉讼中也逐渐产生了分工，如在早期的“誓金法律诉讼”中，裁判官负责主持争议的解决、选定私人审判员或百人审判团，而由审判员或审判团决定争议的结果；裁判官不参加表决，而负责在辩论结束时陪审团成员的表决意见，表现出裁判官与陪审团之间并不是共同行使权力而是有分工的。

这些古老的裁判制度与现代的司法民主有着本质的区别，古

① 朱塞佩·格罗素.罗马法史.黄风，译.北京：中国政法大学出版社，1998：92，123，268－269.

希腊直接民主的方式使民众参与集体裁判体现为一种政治手段而不是一种司法制度。雅典的社会改革家梭伦早在公元前 6 世纪就制定一项法律，规定在城邦发生严重政治争论和阶级斗争的时刻，保持中立和不参与者，应剥夺其公民身份。[①] 这种民主是一种强制性的民主，不允许自由选择的“民主”，是不含有“自由”的“民主”，区别于现代的民主理念，发展到后来成为“伪民主”“多数人的暴政”。在这种背景下，民众参与集体裁判更体现为一种政治手段，而不是司法民主性、参与性、平等性的体现。当时没有专业的司法教育，没有独立的司法阶层出现，实行直接民主，在司法上就是把司法权授予所有公民。公民大会人数高达数百人，虽然我们今天无法重现这样的场景，但可以推测，这样一个几百人共同做裁决的法庭的情景，与现代法庭庄严、肃静和理性的审判相去甚远。对其可以想象的喧闹、争吵而无序的审判过程，有学者将其形象地比喻为“文革”时期批斗“黑五类”。笔者认为其表面民主，实权却往往掌握在一小撮人手里，这就是苏格拉底称其为劣质民主的根本原因。

（二）公民参与司法的概念

“公民参与”这一概念最早是由第二次世界大战前后的西方学者提出的，他们的研究方向主要是比较政治学。[②] 而诸如“基层参与”“公共参与”“政治参与”“人民参与”“民间参与”“社区参与”以及“公众参与”等不同的称谓和提法虽然适用于不同的学术领域和方向，但其所包含的内涵和理念则大致相同。[③] 对于“公民参与”这一概念的理解，学者们大致有以下几种认识：①“公民出于自愿

① 斯东 I F. 苏格拉底的审判. 董乐山，译. 上海：三联书店，1998：116.

② 陶东明，陈明明. 当代中国政治参与. 杭州：浙江人民出版社，1995：1. 例如，阿尔蒙德和维巴比较了美国、英国、联邦德国、意大利、墨西哥等 5 个不同文化背景、政治发展阶段的国家，从政治文化的角度探讨不同国家之间公民参与的差异，以及造成其差异的因素。

③ 莫泰基. 公民参与：社会政策的基石. 北京：中华书局，1995：3.

并合法地通过各种方式、手段参与政治生活的方方面面”；②“公民参与是指公民以投票、加入政治的利益集团、加入各个党派等活动，欲直接或间接地影响政治决策及政治活动的行为”；③“公民参与指社会中的每一个个体或者成员在选择领导者、统治者，直接、间接地影响或分享公共政策形成过程中的那些自愿行为”；④“通过参与制定公共政策，或贯彻执行公共政策行动的过程中，这一具有外延性的定义适用于从事这类活动的所有人，只要这些人是在政治体制内以任何方式参与公共政策的制定、形成、贯彻过程，无论他是普通公民、在任的政客或者是政府的工作人员。”[①]

我国长久以来形成的传统是，凡是描述公民参与的词汇基本上都使用“人民参与”“大众参与”或“群众参与”[②]，《关于制定国民经济和社会发展第十个五年计划的建议》中首次确认了“公民参与”的概念，明确提出了“扩大公民有序的政治参与”的命题[③]，强调并且尊重我们每一个公民的政治参与、决定权利。党的十七大报告中明确提出要“坚持国家一切权力属于人民，从各个层次、各个领域扩大公民有序的政治参与，最广泛地动员和组织人民依法管理国家事务和社会事务，管理经济文化事业”，要“保障人民的知情权、参与权、表达权、监督权”等。因此，公民参与主要是指公民以个体或群体的形式通过各种合法途径有序参与国家公共事务的活动。这里的国家公共事务应当包括立法、行政、司法等多个领域。公民参与是对政治生活、政治制度的参与，法律是政治的一种形式，是不可能超越政治而存在的，政治的发展变化会直接导致法律的发展变化。因此，公民参与当然包括公民参与司法。司法活动这里作广义的理解，从刑事诉讼的程序看，贯穿于立案侦查、审

① 郭永秋.政治参与.台北：台湾幼狮文化事业公司，1990：13.

② “群众”相对于“领导”而言，体现政治面貌，“人民”与“敌人”对立，体现阶级矛盾属性。

③ 郭道晖.尊重公民的司法参与权.国家检察官学院学报，2009(6).

查起诉、审判、执行的全过程。

时下理论界和实务界热议的“公民参与司法”，其概念有着不同的解读，所谓众说纷纭。笔者认为，公民参与司法应有其特定的含义。此处的“公民”是一个建立在人人生而平等基础之上的法律概念，指一个国家的所有国民。此处的“参与”不仅指严格意义（狭义的）上的公民直接参与司法（决定权），确切说公民行使的是刑事司法行为的决策权，而且包括（广义的）公民间接参与司法（协助司法、监督司法），也就是指包括公民起的是辅助作用或者仅是保障刑事诉讼程序顺利进行的作用。后者是为前者服务的，没有后者前者也无法谈及。此处的“司法”是大司法的概念，贯穿于刑事诉讼程序全过程的活动。

1.1.2　公民参与司法的意义

随着近些年“依法治国，建设社会主义法治国家”治国方略的确立，我国加快了法制建设进程，司法改革也成为法学理论界和实务界备受关注的热点。放眼世界，司法专业化与民主化、社会化的问题，不仅在中国而且在世界各国司法改革中都是争论非常激烈的话题，因为它不仅牵涉一国司法改革理念的确立，更关系到一国司法改革道路的选择。公民参与司法不仅体现了司法民主、司法公正、权力制约等思想观念，而且更具有现实意义。一方面，在我国目前司法公信力不高的情况下，它是增进群众信任、防止司法腐败、保障司法公正的迫切需要；另一方面，公民有序参与司法审判活动，他们会成为化解社会矛盾的重要参与力量，也对维护社会稳定、化解民众纠纷、减少涉诉和涉法上访起到了助推器的作用。在我国，公民参与司法体现了一系列的价值观念以及现代司法民主理念，并且还更具有现实意义，比如现代司法民主理念有司法独立、司法公正、司法民主、权力制衡、保障人权等。公民参与司法同时是司法民主以及政治民主的具体体现，还是我国的基本大法《中华人民共和国宪法》中人民当家做主精神的体现。在我国目前司法的权威性和终局性都受到前所未有挑战的严峻情况下，它是保障司法公正和防止司法腐败的必要手段；有利于提高司法官和国民的素质；有利于从根本上化解社会纠纷，维护社会稳定；有利于公民对司法的群众监督；有利于司法的公信力和权威；有利于保障公民的权益。概括而言，具有以下理论意义和现实意义。

（一）公民参与司法有利于坚持我国司法的民主性

司法的民主性要求司法活动应当充分体现出人民的意志和利益，并应受到人民的有效监督。我国是人民民主专政的社会主义国家，国家的一切权利属于人民，人民是国家的主人，当然有权参与国家事务的管理，包括司法活动。在我国，“人民当家做主”的主体就是人民，人民主要通过人民代表大会制度的形式来行使自己的权利，同时通过公民和社会中各种形式的组织直接参与我国的法治来实现，因为政治参与权、法治参与权就是公民和各种形式的社会组织的本质权利和资格。[①] 司法权作为治理国家的权力之一，由人民授权产生，应对人民负责，受人民监督。司法民主化正是让广大公众参与司法活动，自觉检验司法权的行使是否正当，而且公众参与司法程度越高表明国家司法民主化程度越高。

（二）公民参与司法有利于保证我国司法的公开性

司法公开不仅是我国社会主义民主政治建设和法治建设的重要组成部分，也是司法现代化和民主性的重要标志。[②] 要实现司法公开，必须引入公民参与，缺乏体制外的不特定主体参与，司法活动极易为特定人群所“独占”，容易发生腐败。虽然民事、刑事、行政三大诉讼法均以公开审判为原则，但实践中尤其是刑事、行政案件中，部分司法机关并没有先期公布开庭情况。近年来，司法系

① 郭道晖．尊重公民的司法参与权．国家检察官学院学报，2009，17(6)．

② 葛梅安．司法公开当与人民参与同行．http://www.chinacourt.org/html/article/201010/26/433227.shtml，2010－10－26．

统不断涌现窝案、串案，其原因就在于司法活动不公开，司法权沦为少数人的权力。事实上，司法腐败比政治腐败更严重。作为维护社会公平正义的最后一道防线，司法权一旦沦陷，必将直接侵害公民的合法权益，并使公众的救济途径落空，因此必须以公开保证公正。正所谓，阳光是最好的防腐剂。有了公民的参与，司法机关的工作会更加透明，司法活动会越发规范。

(三)公民参与司法有利于维护我国司法公信力

司法是纠纷解决的权威，权利救济的终极，是维护公众合法权益的最终途径。为最大限度地保证司法公正，就必须确保司法过程的独立，排除外界对司法活动的不当干涉。同时，权力极易引发腐败，绝对的权力导致绝对的腐败。为了更好地平衡司法公正性与独立性的关系，就必须在司法活动中恰当引入公民参与机制，通过普通公众的监督来保证特定公众的权利不受非法侵害。当前，我国的法治建设取得了显著成绩，法律体系日渐完善，法律在社会生活中的调控作用越发突出。但与此同时，一种怪心理正在普通公众间蔓延，涉案当事人费尽心力与案件处理司法人员套近乎，试图通过请客送礼方式确保司法工作人员依法办案，这正从侧面说明了公众对司法的不信任，司法公信力低下。要彻底改善公民对司法的认识，使之信任、信服，进而信仰司法，就必须在司法活动中更多地引入公民参与，让公众熟悉司法规则和程序，对司法活动进行监督，保证司法工作人员依法办案。只有让公民自主选择能最大限度地保护自身权利的司法程序，才能消除他们的不满和仇视情绪。虽然案件处理结果可能会与他们的最初预期不完全一致，但由于是司法工作人员严格依照法律规定和程序做出的决定，整个司法活动充分公开，因而易被社会公众接受。

(四)公民参与司法有利于提高我国司法权威

公民参与司法是让人民群众直接感受司法公正的最好方式。公民以普通民众的经验判断事实，以传统朴素的伦理道德阐述法律，使胜诉者了解自己的诉讼请求为什么会得到法院的支持，败诉者明白为什么会输了官司，不仅使审判具有亲和力、可信度，更加树立其司法的权威性。当事人也会自认为接受了“自己同类的人的参与”而更容易接受裁判结果，从而自觉履行判决结果，达到定纷止争、案结事了的目的。到底司法是先没有终局性才没有权威性，还是先没有权威性才没有终局性呢？从一定程度讲，解决纠纷仅仅意味着案件处理的程序与实体暂告终结，但当事人以及社会公众不一定就此罢休、偃旗息鼓，他们有可能上诉、上访，案了事没了、官了民没了。如果无法消除当事人的心理与精神对抗以及对立情绪，使诉讼不断升级，司法权威就永远也得不到确立。公民参与司法的价值和意义正在于此。司法的目的不是报复而是对社会秩序的修复，这样才可实现法律效果和社会效果的有机统一，最大限度地化解矛盾和纠纷，这是司法功能内在发展规律的必然要求。而且，公民参与到刑事司法各个环节中去，他们会将自己的感受和收获以及对法律的重新认识向身边的人广泛传播，形成很好的辐射效应。这样不仅可以减少公众对司法的猜测、不满及误解，还可以树立我国司法的权威，增进民众对司法的了解、信任和支持。再者，公民的参与扩大了司法决策的知情范围并拓展了民众了解司法决策活动的渠道，可在一定程度上缓解法院以及法官所承受的压力，对质疑和攻击司法公信及司法权威起到了很好的效果。

1.2　各国公民参与司法的主要内容和形式

有学者认为，公民参与司法是指现代国家的普通公民有权直接参与国家审判机关对诉讼案件的审理与裁判活动。也有学者认为，要想使法律事件得到相对客观、公正、满意的处理，普通公民就要以相关法律实践者的身份参与到司法活动中去，具体而言，就是参与案件的侦查、起诉、审理、调解、执行以及监督的过程。这里我们基于关联性的视角，将公民参与司法的形式大致概括为两种。一种是公民基于关联性参与司法。这包括举报、检举、控告犯罪活动；证人作证、被害人陈述；羁押场所巡视员；人民监督员；见证人等；国外有检察审查会制度、法院之友、社会法律工作者等。另一种是基于较大的相关性公民参与司法。如我国的人民陪审员制度，其是作为合议庭组成成员参与案件的审理，人民调解员参与调解社会纠纷矛盾等；国外还有治安法官、大陪审团、陪审团等。纵观世界各国的司法制度，绝大多数国家的法律对公民参与司法活动的方式做了明确的规定：基于民主、法治原则和历史传统等因素，西方国家大都建立了陪审团制度、参审制度、公民法官制度等相对完备的公民参与司法体系，以适应西方国家司法发展的需要；我国从建国之初到现在，经历了司法制度中公民参与司法的内容从无到有的洗礼，并经过半个多世纪司法实践及理论的发展，逐渐制定、完善了一系列符合我国法治建设发展需要的公民参与司法的制度和理论设计。其中最具代表性的制度应属司法审判中的人民陪审员制度以及人民监督员制度等。但各国关于公民参与司法活动的制度设计以及法律规定方面的区别体现出各国的经济制度、政治、法律传统、公序良俗、文化习惯以及社会整体公民的教育程度、思维模式等存在或多或少的差异。我国由于历史传统以及文化原因导致的司法建设还是相对滞后，因此在公民参与司法活动的具体制度方面还应不断完善。这亦成为我国司法改革需要解决的重大问题之一。

公民参与司法是人类社会发展的巨大进步，是民主、法治国家的重要标志。但是，将公民参与司法限定在审判领域又有着一定的历史局限性。于是，随着社会的发展，“公民参与司法”从审判领域走向审判前的诉讼活动中。譬如，英美国家的大陪审团制度，日本的检察审查会制度等，这就使公民参与司法的领域大为扩展。

同时，还意味着“公民参与司法”的内涵并不是一成不变的，随着时代的进步和发展，它也在不断丰富和发展，这也正是这一命题历久弥新的内在机理所在。笔者在此将各国公民参与司法的主要形式及内容做一梳理。

1.2.1 治安法官制度

治安法官制度诞生于英国，迄今已经历近700年的历史。治安法官在经历了14～18世纪的鼎盛时期后进入衰退期，并在19世纪实现治安法官的现代转型。虽然各个国家或地区的治安法官并不完全相同，但各国家或地区的治安法官制度在核心构成因素存在着诸多共性，共同构成了治安法官的现代运行形态。该制度近700年的发展史对于我们正确理解司法职业化与大众化的关系，有效化解中央与地方利益的冲突以及公民参与司法等方面提供了一些有益的思路。

（一）治安法官制度的存在依据

有位西方学者曾说过：“在英国，新的政治设施总是兴建于旧设施之上，每个时代的政治机构都来自于对原有机构的改造。这种时代承袭的传统从未间断或被打断过。”英国治安法院法官制度便是来源于英国的古代遗产。

该项制度设立在英国以及保留有治安法院的美国部分州等。英国治安法官最初的设立目的在于强化王权对地方的控制，但这一目的在进入19世纪后受到巨大挑战，特别是1888年《地方政府法》颁布后，治安法官的行政管理职能丧失殆尽。治安法官能否继续存在在当时引发激烈讨论，总的来说，治安法官的前景不甚明朗。如梅特兰曾说到“前景是阴暗的。如果治安法官被剥夺了政府的职能，他们将继续成为法官吗？这是一个重大的问题，要由英国的历史来回答。”[①]而且有薪治安法官的出现也加剧了人们对传统治安法官能否保持下去的担心，因为较之于传统治安法官，有薪治安法官更为专业，审判效率也更高。但在英国革命后，托利党、辉格党乃至激进派达成共识，认为以领薪治安法官完全取代原有的治安法官，会导致腐败与专制的发生，而且费用庞大。此外，人们对于治安法官长期致力于维护公平正义的印象也不使其对治安法官包含有复杂的情感，一些人认为治安法官机构即将消失，而其他人认为治安法官的纯粹的司法职能将继续存在，他们可以平静地面对未来。[②] 因此，治安法官在 19 世纪英国改革中并未被彻底废除，而是作为“中世纪的遗产”予以保留下来。类似的情形同样发生在采用治安法官制度较早的美国。在整个 19 世纪和 20 世纪初，治安法官一直是法院结构的重要组成部分，1928 年美国各州授权地方社区聘用地方法官。但 20 世纪中叶后，改良主义者的压力以及改变的环境使得治安法官的时代就此结束。到 1987 年只有 13 个州仍保持这种称为下级法治或治安法院的法院。[③] 此外，随着对法律程序和被告人权力越来越关注，非专业法官提供的粗糙和便利的司法越来越不能被接受。但该项制度仍然作为一项“过去的遗产”而在美国一些乡村地区保存下来。

当然，虽然治安法官是作为一项“中世纪遗产”而被保留下来，但并不意味着治安法官就从此失去活力，变得僵化起来。相反，治安法官制度也通过调整自身以不断适应当前社会的快速发展，如

① Thomas Shyrme. History of Justices of the Peace. Chichester: Barry Rose and Justice of the Peace, 1994: 669.

② 顾荣新. 12 世纪—19 世纪英国治安法官的起源与流变//法律文化研究. 第三辑. 北京：中国人民大学出版社，2007：345.

③ 爱伦·豪切斯泰勒·斯黛丽，南希·弗兰克. 美国刑事法院诉讼程序. 陈卫东，徐美君，译. 北京：中国人民大学出版社，2002：305. 美国限制治安法官的主要原因包括：治安法院程序的非正式导致了权力滥用；按治安法官完成工作量支付报酬的制度产生了审理而不驳回案件的动机，从而造成轻微的利益冲突；治安法院与 20 世纪的法律价值观越来越不协调等。

美国设立限制管辖权法院等。特别是随着职业法官越来越大的案件压力以及社会公众对司法参与呼声的不断高涨,治安法官正焕发出前所未有的生命力并在许多国家或地区成长起来。

(二)治安法官的产生

现代治安法官(Magistrates)是由大法官任命并由当地咨询委员会提名,主持治安法院工作的法官。我们通常将治安法官分为两类:领薪的专业治安法官即领薪治安法官(Stipendiary Magistrates)和不领薪的业余治安法官(Lay Magistrates)。业余治安法官每两周只在法院工作一天,通常人们将其称为“伟大的志愿军”,他们是提供义务性法律服务的英国基层法院中的兼职法官。英国在1999年通过了《司法介入法》,由此“区法官”(DistrictJudge)取代了“领薪治安法官”的称谓,但是领薪治安法官的人数是少之又少的。

英国从盎格鲁-撒克逊时代即形成了“安宁”的法治观念,“安宁”的法治观念就是指每个自由人都享有“安宁”之权而排斥他人侵害。但对于国王来讲,“国王安宁”的观念深入其心。从大的方面说,“国王安宁”主要是指社会秩序的稳定,社会的秩序意指,人们不仅可以将他们的知识运用到极致,而且还应该充满自信地相信他们能从其他人那里获得知识、成功,本质上意味着个体的行为是有成功的预见和指导。也就是说,在一个国家或国度之中,如果一人侵犯他人的“安宁”权利,不仅要赔偿给被害人由此遭受的直接损失,而且还要付给国王一定数额的金钱。因为他不仅仅侵害了某个个体的“个人安宁”,而且还侵害了王国的“国王安宁”。国王选任了一些人士去维持地方治安,负责抓捕地方犯罪分子。因为盛行的“国王安宁”神圣理念,所以国王特别注意管理地方治安的工作,这些义务供职者成了地方治安法官的先驱。

治安法官(Justices of the Peace)最初仅仅是郡长的治安助

手，这一制度起源于 12 世纪末的治安员，14 世纪 60 年代称谓改为"治安法官"。治安法官的人数为：每郡 6～8 人，后来增至 20～30 人。他们多数出身于小贵族，而工作是没有薪金的。治安法官基本上都没有接受过专业培训和教育，只有很少数的人略懂法律。例如：每郡只有为数不多的数名"核心法官"（Quorum Justices）和一名治安秘书（Clerk of Peace）略通法律。在英国查士丁尼时代的爱德华王时期的司法改革中，明确了陪审团对事实问题的裁定及其相关的职权，并使其制度化，成立了"四季法院"，而且当时建构了一系列法律程序和审判制度的建设性的规范，司法改革进行得比较深入，开始实行治安法官审理轻微案件制。

虽然治安法官必须要像职业法官那样具备丰富的法律经验，但仍需要满足一些条件。如依据 1906 年英国大法官官邸的论述，"治安法官来源背景范围较大，不论性别、年龄、职业、种族、资历，只要对公共事务有兴趣，带有普通意识、正直诚实，有能力听取各方的争辩，做出公正、合理判决的人，便可以从顾问委员会领取申请表格，提出书面申请"。[①] 虽然各国和地区对治安法官的资格要求也存在一些差异，但一般来说，治安法官的任职资格包括如下几项：第一，具备良好品格，受到社区居民和工作同行的普遍认可；第二，具有一定的理解和交流能力，有社区知识和较好的逻辑思维能力，能胜任治安法官工作；第三，身体健康，对于年龄，英国规定为 27～65 周岁之间，而美国则规定为不超过 70 周岁；第四，有一定的时间接受培训并完成工作；第五，有些国家或地区对从事法律工作的最低年限有新要求，如依据美国 1968 年《治安法官法》的要求，申请人要有不少于 5 年的法院工作经历等。此外，各个国家和地区一般还规定了治安法官任职的禁止性条件以保证治安法官的

① 刘显娅. 司法的大众化与平民化——英国治安法官制度管窥. 北方法学，2008(5).

公正性与中立性，如要求“治安法官与任命法院的任何法官没有血缘关系或是姻亲关系”等。

（三）治安法官的职权

治安法官享有的行政权力在 1888 年后消失殆尽，如今治安法官的权限就主要集中在刑事司法裁判、部分民事案件中。具体来说：第一，广泛的刑事职责。如根据英国 1997 年《治安法院法》，治安法官主要有对轻罪案件的简易审判权、上诉权限，审理保释权申请及拘留权申请，签发法庭传票、审查申请的搜查令及逮捕证，选择审判方式权，刑事法院正式审判案件的预审权以及有权决定在预审程序终结后是否将被告人交付皇家刑事法院，签发强制执行令以及青少年犯罪审判等，还有某些对犯罪调查的控制权。此外，近些年来各国大都赋予治安法官更广泛的刑事司法职权，扩大治安法官的案件管辖范围。如英国《司法改革白皮书》指出要扩大治安法官权限，将判决权从 6 个月延长至 12 个月，要求他们判决所有被他们发现有罪的人，而不必将其中一些移交刑事法院判决；在法院内部实行管理一体化，允许刑事法院法官在治安法院审理案件等。① 第二，部分民事案件的管辖权，主要集中在家庭事务领域。如向婚姻当事人颁发赡养令，并对于家庭的儿童颁发监护令；在附带程序中认定儿童的父亲血缘等。此外，治安法官还有其他一些民事权限，主要有商议税收的征收、控制危险动物、返还警察扣押的所有权有争议的财产以及性侵犯禁令等。② 第三，巡视监督职责。该项职责是我国香港特别行政区太平绅士的主要职责。依据香港《太平绅士条例》的规定，太平绅士可以巡视监狱、羁留中

① 李洪朗. 审判改革：扩大治安法官权限——英国＜司法改革白皮书＞内容之二. 检察日报，2003-04-10.

② 约翰·斯普莱克. 英国刑事诉讼程序. 徐美君，杨立涛，译. 北京：中国人民大学出版社，2006：110.

心、劳役中心、医院等机构,[①]以确保住在上述地方人士的权利受到保障。

虽然各国和地区治安法官的职权存在较多共性,但在考察美国治安法官的职权时却发现,美国治安法官权力来源与其他国家或地区治安法官的权力来源存在不同,进而影响到治安法官的职权配置。在英国等国家和地区中,虽然治安法官在职业保障等方面与职业法官存在显著区别,但在理论和实践中都认为治安法官与职业法官一样都是在行使司法权,其权力来源于法律的授权。如依据1997年《英国治安法官法》第5条规定,治安法官应由上议院议长"代表女王并以女王的名义"任命。[②] 在英国,女王是司法工作的象征和源泉,是司法系统的首领,因此,获得女王的授权证明治安法官是在行使司法权。但与英国不同,美国治安法官虽然也行使部分司法权,但其权力是来自于职业法官的授权,而非法律授权。受美国联邦宪法第三条的制约,美国的治安法官并不属于美国联邦宪法第三条规定的"最高法院及低级法院的法官"。因为依据美国联邦宪法第三条规定,"最高法院和低级法院的法官,如果尽忠职守,应继续任职,并按期接受俸给作为其服务之报酬,在其继续任职期间,该项俸给不得削减",这也是美国联邦对行使司法权官员的保障。[③] 而治安法官并不享有上述保障,如全职治安

① 香港《太平绅士条例》附表1的第一部分规定了"羁押场所"的范围,主要包括《监狱条例》的23条所指的监狱或由香港惩教署署长所控制的任何其他院所;根据《入境条例》第13H条指定为羁留中心的地方;根据《罪犯感化条例》第11条核准的院舍;根据《少年犯条例》第16条指定的拘留地方。

② 该条款不适用于带薪治安法官(District Judges or Magistrates' Courts)的任命程序。依据该法案第10A条的规定,带薪治安法官由女王在上议院议长的推荐下从执业至少已达7年的出庭律师和事务律师中任命。

③ Marla Eisland. The Federal Magistrates Act: Are Defendants' Rights Violated When Magistrates Preside Over Jury Selection in Felony Cases. Fordham Law Review, 1988, 56(4): 789.

法官任期为八年，兼职治安法官任期为四年。因此，治安法官不属于联邦宪法第三条规定的法官，其权力来源也并非来自于宪法。依据美国1968年《治安法院法》规定，治安法官有权行使职业法官授权其行使的权力，因此，美国治安法官的权力是来自于职业法官的授权。既然治安法官的权力来源于职业法官的授权，那么，治安法官的职权范围必然会限于职业法官的职权范围，这与英国等国家和地区的治安法官制度存在着明显不同。

（四）治安法官制度的作用

1. 治安法官制度有利于维护司法公正，实现社会正义

治安法官有着无法替代和比拟的天然优势：了解社情民意，便于与民众沟通，密切关注实际动向。治安法官中的绝大多数业余法官来自基层社区的普通民众，他们熟悉社区民情，这就使他们尽管不具有法律的专业知识但仍可以很好地胜任工作。在司法实践中，利用他们朴素的正义观和一般大众对事实的认识，可以很好地对案件进行精英人士所无法比拟的裁决，做出能使双方都信服的裁判，有利于判决的执行，实现司法公正和社会效果的统一。

治安法官，又称为和平法官、太平绅士等，一般是指不具有职业法官资格的普通公民被直接任命为法官并处理法律规定的一些简单轻微案件。治安法官起源于英国，后来被许多国家或地区采纳，如美国、加拿大、意大利、澳大利亚、新西兰、新加坡、马来西亚以及我国香港特别行政区等。治安法官作为平民化、非专业性的法官，与职业法官一起共同构筑起上述国家或地区的司法体系，深刻影响着其司法进程及社会公众对司法的参与程度。例如，有学者认为英国治安法官制度集中体现了“不列颠精神，它凝聚了不列颠的民主、宽容、妥协、中庸、混合、实用及多元价值的处事理念……英国治安法官制度几乎是与英国普通法始终相伴，其现代化进程在一定程度上反映了英国法治现代化及英国社会现代化的

过程和全貌……也向世人展示了某种通向未来的可能路径。”[①]因此，研究治安法官制度对于我们更加深刻理解上述国家或地区的现代司法制度大有裨益。此外，治安法官制度对我国正处于方兴未艾的公民参与司法研究也能提供一些有益参考和经验。

2. 治安法官可以缓解职业法官日益增加的案件压力

缓解职业法官与日俱增的案件压力是当前设立治安法官的首要目的。[②] 自第二次世界大战结束以来，世界各国和地区都致力于本国或地区的经济社会发展，经济社会的快速发展带来大量的纠纷。加上 20 世纪 70 年代以来西方国家对诉讼从中立向“赞赏和支持”的理念转变，诉讼越来越多地被描述为“权利的主张”，[③]人们更愿意通过诉讼来解决纠纷，也就出现了西方司法中所谓的“诉讼爆炸”现象。而与诉讼案件激增相对应的却是职业法官数量的严重不足。如 1968 年美国联邦地区法院共收到 102 000 件案件，但却只有 323 个法官来审理这些案件。[④] 职业法官数量严重不足与西方司法的精英化有密切关系。以美国为例，法官是美国社会最负有声望的职业之一，而要想成为一名法官，具有法学学位和多年执业律师的经验是最普遍的资格要求。美国有学者曾对各州法官资格做过一项调查后发现，法官在担任法官之前一般有 15～20 年执业律师的经历；许多法官（接近 1/3）具有检察官的经历……联邦地区的法官们在任职时大约 50 岁，最近被任命的一半

---

① 张彩凤，叶永尧. 英国治安法官制度的现代演进及其形态考察//法制现代化研究. 第十二卷. 南京：南京师范大学出版社，2009：91－92.

② Brendan Linehan Shannon. The Federal Magistrates Act: A New Artical III Analysis for A New Breed of Judicial Officer. William and Mary Law Review 1991，1：259.

③ 范愉. 诉讼的价值、运行机制与社会效应——读奥尔森的《诉讼爆炸》. 北大法律评论，1998(1).

④ Ira P Robin. Magistrate Judges，Article III，and the Power to Preside Over Federal Prisoner Section 2255 Proceedings，Federal Courts Law Review，2002，2：4.

以上法官在私立大学受过大学教育。[①] 英国法官的情况也类似。由于这些国家的法官是社会中的精英群体，至少要做过十多年的执业律师才可能进入到法官群体中去，导致了职业法官的数量都比较少，而且法官队伍难以快速扩充，加剧了职业法官的诉讼压力。因此，这些国家和地区只能求助于非职业法官，将一些轻微犯罪行为、非刑事违法行为以及大量的审前程序行为交给非职业法官来处理，职业法官集中精力处理复杂、疑难案件，以实现司法资源的优化配置。

3. 治安法官是保障公民参与司法的重要方式

除上述两项因素外，治安法官还因其是非专业法官的身份而受到现代司法的格外重视。作为与职业法官相对应的一种法官，治安法官一般并不需要具备任何正式的学历资格，也不要求之前的法律教育经历和实践经验，只须具备一般的品格即可。由于治安法官来源的民间性特征，有学者将其归纳为民众参与裁判制度的一种基本模式。[②] 从世界各国司法制度、司法改革的改革过程、运行轨迹中可以看到，公民直接被吸纳到参与国家司法的活动过程中，发挥其在司法实践中的良性互动作用，公认为是一个国家司法民主的重要标志；而且，公民在司法活动中的参与程度越高，就越有利于司法公正的实现。因此，治安法官作为一项体现公民参与司法的制度而被一些国家或地区所采纳。如俄罗斯联邦重新恢复治安法官制度的一个重要考虑就是“让法院接近人民群众”[③]。治安法官虽然不具有专门的法律知识和司法实践，但他们凭借朴

① 爱伦·豪切斯泰勒·斯黛丽，南希·弗兰克. 美国刑事法院诉讼程序. 陈卫东，徐美君，译. 北京：中国人民大学出版社，2002：163.

② 林永谋. 论 G 国民参与司法暨参审制之采行. 宪政时代，1995，20(3). 该学者将这种民众参与裁判制度的基本模式归纳为三种：陪审团制度、参审制度和治安法官制度。

③ 程丽庄. 俄罗斯联邦司法权研究. 重庆：重庆大学，2008.

素的社会正义感、公平感，将社会生活中的习惯、道德、伦理等规则纳入到司法程序中来，从而增强司法的社会认同感。正如托马斯·斯基尔姆所说的那样："通过公民的参与，业余治安法官制度反映了非司法人员对司法的参与这一英国传统。这种业余治安法官的制度使公民确信法律是自己的法律，而且它是由像自己一样的公民来加以实施的，并不是专属于律师所有的深不可测的领域。"①

1.2.2　大陪审团制度

（一）美国大陪审团制度渊源流变

1. 大陪审团的历史沿革

大陪审团制度源自英国，但在美国获得了长足的发展并一直延续至今。在英国，历史上对犯罪进行追诉始于个人行为。1116 年，亨利二世创立克拉伦登巡回审判。在巡回审判中建立了这样一种程序，每个镇区选出 12 个人作为当地的大陪审团。这就是大陪审团的最初形态。然而与当前大陪审团不同的是，克拉伦登巡回审判中的大陪审团并不要求对证据进行审查，也无需在是否存在追诉的理由方面做出判断。他们经过宣誓，依赖自己的知识来辨别那些犯罪嫌疑人。实际上，亨利二世创立巡回审判以及大陪审团的目的并非为保护个人权利，而是出于与教会法庭以及封建领主的斗争并最终加强王权的需要。因此，可以得出结论，亨利二世时期的大陪审团制度并非现代意义上的大陪审团制度。1215 年英国大宪章规定了如何对犯罪进行控诉。这一条款随后在进一步细化后被编纂入法。具体内容为，在没有大陪审团起诉的情况下，政府不得以叛国罪以及其他财产类犯罪对个人进行指控。直

① 马赛尔·柏宁斯，克莱尔·戴尔. 英国的治安法官. 李郝，译. 法学译丛，1990(6).

到15～16世纪，大陪审团起诉方成为在英国占主导地位的起诉方式。[①] 17世纪则见证了大陪审团成为保护公民个人免受任意起诉的作用的形成。[②] 在19世纪后期之后的一个多世纪中，大陪审团受到越来越多的抨击并逐步走向衰落，1933年英国废除大陪审团制度而代之以检察官制度，至此，大陪审团在英国退出历史舞台。

大陪审团制度在美国的发展大致经历了四个时期：殖民地时期的大陪审团、美国大革命时期的大陪审团、建国后大陪审团制度的宪法化以及20世纪70年代以后的大陪审团。

(1)殖民地时期的大陪审团。英国殖民者以英国法律制度为蓝本建立了殖民地的法律制度，每个殖民地也因此引入大陪审团制度作为其司法制度的组成部分。英国在北美建立殖民地始于14世纪末15世纪初，当时大陪审团已经成为英国占主导地位的起诉方式。因此，与英国不同，大陪审团制度在英属北美殖民地一经确立就开始承担防止个人遭受任意起诉的职能。值得一提的是，除了防止任意起诉的作用外，大陪审团在北美殖民地一开始就承担着许多政治职能。它还是当地政府的组成部分，殖民地大陪审团在代表它所在地区的居民、建议新的立法、揭露政府权力的滥用等方面也发挥着重要作用。

(2)大革命时期的大陪审团。大革命时期的大陪审团被殖民

---

① Susan M Schiappa. Preserving the Sutonomy and Function of the Grand Jury: United States V. Williams, Catholic University Law Review, 1993.

② "In 1681, King Charles Ⅱ sought to separately indict Stephen College and Athony Ashley Cooper, Earl of Shaftesbury, for treason. Both men were Protestants who vigorously opposed the King's efforts to reestablish the Roman Catholic Church in England. In each case, the grand jury members rejected the King's attempts to influence their decision and refused to indict. Thus, the grand jury assumed the function of protecting citizens against the oppressive exercise of executive power." Susan M Schiappa. Preserving the sutonomy and Function of the Grand Jury: United States V. Williams, Catholic University Law Review, 1993.

地居民用做反对英国当局的重要武器。通过对英国当局的起诉进行阻挠，它可以阻止不受欢迎的英国法律在殖民地的实施并保护那些蔑视英国当局的殖民地居民。

(3)建国后大陪审团制度的宪法化。最开始的美国宪法草案中并没有大陪审团条款。在美国宪法提交批准时，许多会议代表提议宪法应当规定由大陪审团负责启动对犯罪的追诉。随后，马萨诸塞州、纽约州以及新罕布什尔州等 8 个州向国会提议在宪法中规定大陪审团条款。1789 年 6 月 8 日，詹姆斯·麦迪逊向第一国会提交了在宪法中规定大陪审团条款的建议，其建议经过改述获得参议两院通过并最终于 1791 年 12 月 15 日的宪法第五修正案中确定下来。①

(4)20 世纪 70 年代以后的大陪审团制度。20 世纪 70 年代开始，大陪审团越来越多地被用做政治斗争的工具而逐渐偏离了第五修正案的定位。这个时期，大陪审团被用做收集政治集团信息的手段。更有甚者，以大陪审团搜集到的信息为基础，当政府发现某些人不与政府合作时，就对他们进行监禁。大陪审团成了获取信息的渠道，它的功用已不再是单纯的防止不当起诉了。② 有数据证明，大陪审团在防止不当起诉方面的作用越来越有限。③ 因

① Susan M Schiappa. Preserving the Sutonomy and Function of the Grand Jury: United States V. Williams, Catholic University Law Review, Fall, 1993.

② Judith Berkan. The Federal Grand Jury: an Introduction to the Institution, Its Historical Role, Its Current Use and the Problems Faced by the Target Witness, Revista Juridica Universidad Ineramericana De Puerto Rico Enero—Abril, 1983.

③ "Federal 'indictment rates' grater than ninety—nine percent have been reported in some years. In 2001, federal grand juries declined to indict in only 21 cases nationwide. 'These numbers suggest that, whatever the reason, the federal grand jury now exercises very little power as a shield between the government and its citizens.'" Roger Roots, Grand Jury Gone Wrong. Richmond Journal of Law and the Public Interest, 2010.

此，进入20世纪90年代以后，废除大陪审团的呼声越来越高，但囿于大陪审团自身具有的一些不可替代的特质，虽然存废之争不断，但大陪审团制度依然在美国为数不少的州发挥着重要作用。

2.大陪审团的遴选

大陪审团遴选的相关规则主要见于《联邦刑事诉讼规则》以及《陪审团选任法案》。大陪审团遴选涉及的主要问题包括遴选所依据的原则、遴选的权力主体、大陪审团陪审员的任职资格以及遴选的程序规则。

根据《陪审团选任法案》的规定，大陪审团遴选需要遵循两个基本原则：随机选任(Random Selection)原则以及客观标准(Objective Criteria)原则[①]，而这两个原则又共同构成了随机选任(Right to Fair Cross Section)原则。关于该项原则的起源存在许多争论，这些争论主要集中于随机原则是起源于第五修正案由大陪审团起诉的权利，还是第六修正案中规定的由公正的大陪审团审判的权利，抑或是第十四修正案中有关正当程序的普遍性规定。[②] 抛开其起源问题，随机选任原则的重要性不言而喻。在实

---

① "determination of disqualifications, excuses, exemptions, and exclusions upon the basis of objectid criteria only" John Bourdeaux, Glenda K Harnad, Alan Weinstein, et al. Database updated March2011, 38A C. J. S Grand Juries Summary.

② "This right has been found to arise under the Sixth Amendment right to trial by an impartial jury, made applicable to the states by the 14th Amendment. However, it has also been declared that the Sixth Amendment is inapplicable to grand juries, and that the fair cross section right is therefore inapplicable to state grand juries. It has also been stated that such a right arises under the 14th Amendment general requirement of due process, and is applicable to state grand juries. Even authorities who declare that such a right does not arise under the Sixth Amendment find that such a right applies in federal prosecutions and arises under the Fifth Amendment right to an indictment by a grand jury." John Bourdeaux, Glenda K Harnad, Alan Weinstein, et al. Database updated March2011, 38A C. J. S Grand Juries Summary.

行大陪审团的司法辖区，随机选任原则也是一项宪法性原则。如果对公民进行起诉的大陪审团是通过任意的且差别对待的方式选出来的话，这就构成了对宪法以及法律的违反，同时这也是对正当程序的违背。对随机选任原则的违背必须是实质性的，而只有当其违背了随机选取或者客观标准时才能构成这种实质性的违背。

根据《联邦刑事诉讼规则》的规定，大陪审团的遴选由法院负责。以加利福尼亚州为例，该州宪法规定，大陪审团陪审员由州的最高院法官选任。在该州较大的拥有一名以上法官的郡，大陪审团陪审员由最高院法官的多数决定。在加州洪保德、圣马特奥以及斯坦尼斯罗斯三个郡，挑选大陪审团陪审员由最高法院一个法官来进行，该项职责每年轮流由不同的法官承担。而加州北部的莎士达地区，每年都由经过其他法官同意的同一位法官挑选大陪审团陪审员。有的郡还有专门的陪审团审判官给法官提供预期大陪审团陪审员的名单，但该名单只供法官参考而并不具有约束力。①

大陪审团陪审员的任职资格可以分为积极资格和消极资格。积极资格是指法律规定的成为大陪审团陪审员所必须具备的某些因素，其主要包括对年龄、公民资格以及住所等方面的要求。② 消极资格是指法律规定阻碍其成为大陪审团陪审员的某些因素，其主要包括特殊职业、有犯罪前科、诉讼未决、疾病、利害关系和偏

① Note, Some Aspects of the California Grand Jury System, Stanford Law Review, 1956.

② 根据《陪审团选任法案》的规定，联邦大陪审团的陪审员其年龄不得低于18周岁，也有些州规定其大陪审团陪审员年龄不得低于21周岁。同样根据该法规定，成为大陪审团陪审员首先必须为美国公民。有些州规定，如果外国人公开声明其有加入美国国籍的意图，那么他(她)也被认为具有被选任为大陪审团陪审员的资格。成为大陪审团陪审员必须要有住所，而且在某些州该人成为大陪审团陪审员之前还必须居住满一定的期限，《陪审团选任法》规定该期限为一年。

见、陪审员经历以及公务人员。[①] 当然,这些消极资格并不是绝对的,其是否作为阻碍大陪审团陪审员任职资格的因素还要看联邦以及各州法律的相关规定。

大陪审团的遴选一般需要经过两个程序阶段:

(1)形成大陪审团陪审员的候选人名单。以各州大陪审团的遴选为例,大陪审团陪审员候选名单由陪审团委员会或者各郡高等法院的法官制作,该名单的形成以一年或者半年为周期。在确定大陪审团陪审员候选名单时要注意其应具有足够的代表性,能够代表多数人的利益,同时还应注意其随机性。有些地方的法律要求候选名单须不时地加以更正,为了保证名单的完整性,新增加的候选人的名字将与陪审席中原有的名字置于一处,只有当下一年的新名单放入陪审席中时才能将原来的全部清空。

(2)从候选人名单中选出大陪审团陪审员。当需要组成大陪审团时,一般来讲应当先由法官从置于陪审席的候选人名单中选出陪审员名单,然后将名单中的人员召集起来组成大陪审团。该选择也应遵循随机原则。为保证大陪审团顺利组成,该陪审员名

---

① 特殊职业:1875 年 Commonwealth v. Pritchett 一案中确立了文官不得被选任为大陪审团陪审员的规定。犯罪前科以及诉讼未决:根据《陪审团选任法案》,如果一个针对该人的起诉悬而未决或者其已被州法院或联邦法院定罪并且可能被判处一年以上的监禁并剥夺民事权利,那么他(她)将无权被选任为大陪审团陪审员。疾病:根据《陪审团选任法案》,如果一个人因为精神的或者身体的疾病而导致其无法承担符合要求的陪审职责,那么他(她)将无权被选任为大陪审团陪审员。利害关系和偏见:根据《陪审团选任法案》,如果法院有理由认为该人可能无法提供公正的陪审服务,那么该人可能会被排除在大陪审团之外。比如在 1984 年 Franzi v. Superior Court of Arizona in and for Pima County 一案中就确立了证人不能成为大陪审团陪审员的规则。当然,并非所有的利益和偏见都构成阻碍其成为大陪审团陪审员的原因。如果法律没有明文规定,那么诸如该人之前有对犯罪嫌疑人进行投诉或者该人是检方证人等都不构成阻碍其成为大陪审团陪审员的理由。陪审员经历:之前的陪审员经历是否会影响其成为大陪审团陪审员取决于法律的规定,各州对此规定不一。公务人员:根据《陪审团选任法》,以下人员不得在联邦大陪审团任职:现役的武装力量的成员、消防和警察部门的人员以及积极从事执行职务的政府工作人员。

单人数一般应当多于法定的大陪审团的构成人数。之后，法官应将名单上的预期的陪审员召集起来。若召集的人数多于法定人数，那么将由法官进行第二轮乃至第三轮的选择，直至达到法定人数，这时便可以组成大陪审团了。①

3. 大陪审团的组成

联邦司法系统存在两种形式的陪审团，即常规大陪审团和特别大陪审团。美国联邦刑事诉讼规则第 6 条规定，当公共利益需要时，法院应召集一个或数个大陪审团。大陪审团由 16～23 人组成。根据该条规定所组成的大陪审团即定期大陪审团，此为大陪审团的一般形态。常规大陪审团存在于美国每个司法区，他们定期召开会议商讨起诉事宜。常规大陪审团被用做例行的起诉指控作用的回归以及一些无须提交冗长的单据和证人的案件的调查取证。② 一经组成，常规大陪审团在 18 个月的期限内或者直到被法院解除职责时这段时间内发挥作用。出于公共利益的需要，该期限可以延长 6 个月。

成立特别大陪审团的法律依据是 1970 年的《有组织犯罪防治法案》。在符合以下两个条件中的任何一个条件的情况下可以组成特别大陪审团：①在任何一个人口超过 400 万的地区；②首席检察官（司法部长）或者由其指定的助手证实因犯罪活动而有必要成立额外的大陪审团时。③ 与常规大陪审团不同，特别大陪审团有权发布针对公务人员的报告。在任期方面，虽然通常也是 18 个月的期限，但是在大陪审团向司法区域内首席法官提出请求时，其任

① Note, Some Aspects Of The California Grand Jury System, Stanford Law Review, 1956.

② Spencer Weber Waller. An Introduction to Federal Grand Jury Practice. Wisconsin Bar Bulletin, 1988.

③ Judith Berkan. The Federal Grand Jury: an Introduction to the Institution, Its Historical Role, Its Current Use and the Problems Faced by the Target Witness, Revista Juridica Universidad Ineramericana De Puerto Rico Enero-Abril, 1983.

期也可再延长 18 个月。但原则上，在延长的期限之内大陪审团只能进行未完的事务，而不得处理新事务。

4. 大陪审团的适用范围

在美国并非所有刑事案件都需要经过大陪审团起诉，大陪审团适用的案件范围在宪法第五修正案以及联邦刑事诉讼规则中都有明确的法律依据。美国联邦宪法第五修正案对“无论何人，除非根据大陪审团的报告或起诉，不得受判处死罪或其他不名誉罪行之审判”有着明确的规定。① 同时，联邦刑事诉讼规则对此问题又做了更为详细的规定。该规则第 7 条规定，只能由大陪审团起诉书提起对可能判处一年以上徒刑或劳役的罪行的公诉，只能以大陪审团起诉书提起对可能判处死刑的罪行的公诉，或者被告人如果放弃了由大陪审团起诉，那么提起控诉可以由检察官起诉书进行。其他罪行，既可由大陪审团提起公诉，也可由检察官提起控诉。由检察官提起控诉可以无须经法院许可。可能判处一年以上的徒刑或劳役的罪行，如果被告人在了解指控性质和所享有的权利后，在法庭上公开放弃以大陪审团起诉书提起公诉，可以由检察官起诉书提起控诉。

根据美国联邦宪法以及美国刑事诉讼规则的相关规定可知，大陪审团适用所有重罪案件，除非被告人做出放弃大陪审团起诉的决定。然而在司法实务中，情况却大相径庭，随着检察官提起公诉的案件范围不断扩大，大陪审团适用的案件范围却逐步减小。“尽管所有司法辖区都还保留着大陪审团审查重罪指控的规定，但是这种审查，只在那些要求重罪大陪审团起诉书，一种由大陪审团签发的公诉文书引发起诉的司法辖区存在，在大多数州，公诉可以

---

① “No person shall be held to answer for a capital, or otherwise infamous crime, unless on a presentment or indictment of a Grand Jury” U. S Constitution, Fifth Amendment.

选择由大陪审团提起或者由检察官起诉书提起。”[①]实际上，在美国当前只有联邦和 18 个州明文规定了重罪案件被告人非经大陪审团起诉不出庭受审的权利。[②] 另有 4 个州规定，部分最严重的重罪必须由大陪审团起诉，一般来讲，这些重罪仅限于可能判处死刑以及终身监禁的重罪。[③] 有 28 个州通过州宪法、成文法或法庭规则的形式规定所有重罪都由检察官起诉书起诉。虽然这些州同时规定了检察官有选择使用大陪审团的选择权，但是实践中检察官只在某些特殊情况下才会选择使用大陪审团起诉。[④]

5. 大陪审团处理案件的程序规则

(1)大陪审团会议。大陪审团会议必须有至少 16 个陪审员到场才可以进行。会议由法院负责召集，大陪审团陪审员宣誓就职并接受了规范的指导以后会议便可开始了。这种指导大多来自法院，他们偶尔也可以从其他主体那里接受指导。该指导目的在于告知大陪审团其应尽的义务以及如何更好地履行其职责。指导结束后，法院的参与便告一段落，从这时起程序的进行就由检察机关进行指导。[⑤]

大陪审团会议具有严格的保密性。这种保密性体现在诸多方面：①大陪审团陪审员在宣誓就职时即包括了对保密性的宣誓。②大陪审团开庭时可参加人员的限制。《联邦刑事诉讼规则》第 6

---

① 伟恩 R 拉费弗，杰罗德 H 伊斯雷尔，西南 J. 刑事诉讼法. 卞建林，沙丽金，译. 北京：中国政法大学出版社，2003：21.

② 这 18 个州包括：亚拉巴马、阿拉斯加、特拉华、佐治亚、肯培基、缅因、马萨诸塞、密西西比、新汉普郡、新泽西、纽约、北卡来罗纳、俄亥俄、宾夕法尼亚、南卡来罗纳、田纳西、德克萨斯、弗吉尼亚以及西弗吉尼亚。

③ 这 4 个州包括：路易斯安那、罗德岛、佛罗里达以及明尼苏达。

④ 伟恩 R 拉费弗，杰罗德 H 伊斯雷尔，西南 J. 刑事诉讼法. 卞建林，沙丽金，译. 北京：中国政法大学出版社，2003：879 - 810.

⑤ Thaddeus Hoffmeister. The Grand Jury Advisor：Resurrecting the Grand Jury's Shield，Journal of Criminal Law and Criminology，2008.

条对于哪些人可以参加大陪审团开庭做了严格的限制，这些人包括检察官、接受询问的证人、翻译人员、速记员以及录音人员。并且规定大陪审团评议时，除了陪审员其他任何人不得在场。③大陪审团会议内容的保密。对此，《联邦刑事诉讼规则》做了非常详细的规定。对大陪审团会议内容的保密主要包括出庭人员的保密，即保密的一般原则和大陪审团会议记录的保密。[①] 当然，这种保密性并非绝对的。除大陪审团评议和表决外，大陪审团会议期间的情况及相关资料在特定情形下可以向检察官以及协助其履行职责的政府工作人员公开。当案件需要移送其他地区的法院进行审理时，先受理的法院可以向接受法院移送有关大陪审团的材料。大陪审团的保密性对于刑事诉讼程序规则产生了重要影响，对抗制在大陪审团会议中受到抑制。不仅如此，其对后续案件的审理也会产生影响，比如在法庭审理过程中，被告人无权就大陪审团证人证言进行交叉询问。

(2)调查与收集证据。在调查与收集证据方面，大陪审团拥有检察机关以及美国联邦调查局(Federal Bureau of Investigation，FBI)所没有的权力。因为不管是检察机关还是FBI，国会都没有赋予其传唤证人强制取证的权力，而除了政府机构外的所有证人都可以通过大陪审团传票被带到大陪审团跟前作证。[②] 一旦该证人拒绝大陪审团传票而不出庭作证，或者该人虽然到庭但是其拒绝交出相关的证明材料或拒绝回答相关问题，那么他都将有可能

① 《联邦刑事诉讼规则》第6(e)(2)条规定："大陪审员、翻译人员、速记人员、录音人员、记录证词的打字员、检察官或者其他根据第(3)(A)(ⅱ)条对可以在大陪审团开庭时在场的人员，除本规则另有规定外，均不得泄露大陪审团开庭期间的一切情况。"第6(e)(6)条规定："与大陪审团程序有关的记录、指示和传票在为防止泄露大陪审团开庭期间情况所必要的范围和时间内密封保存。"

② Judith Berkan. The Federal Grand Jury: an Introduction to the Institution, Its Historical Role, Its Current Use and the Problems Faced by the Target Witness, Revista Juridica Universidad Ineramericana De Puerto Rico Enero-Abril, 1983.

被法院以藐视大陪审团为由而处以拘押。大陪审团开始进行调查并不需要以提出可靠的根据为前提，只要大陪审团怀疑有违法事宜就可以了。这种怀疑可能只是基于流言、传闻、推测抑或是陪审员的个人知识。①

(3)起诉决定。在收集到所有的证据以后，大陪审团要进行秘密评议，即在没有检察官在场的情况下决定是否起诉。如果有超过12个大陪审团陪审员决定起诉，那么大陪审团将发布正式的起诉书，该起诉书在经过检察官签署以后即可生效。如果决定起诉的陪审员人数达不到12个，那么起诉将不成立。起诉不成立又分为两种情况："如果多数成员认为证据不足，则签字不批准起诉；如果认为证据不足以指控重罪，但被告人犯有轻罪的，可以指令检察官依法直接起诉。"②

(二)制度困惑

大陪审团享有强大的调查权，它在对某人展开侦查时，几乎不需要阐明它这样做的理由。既然大陪审团有这么大的权力，在一向崇尚权力制衡的美国，在是否对大陪审团进行监督的问题上也是有考虑的。

为防止大陪审团滥用权力或者沦为检察官的侦查工具，法院对其享有一定程度的监督权。例如，当大陪审团行使权力可能会违背宪法第四、五修正案的要求时，法院就会对其行使权力的行为进行监督，以防止不法行为发生。事实上，关于大陪审团权力的规制问题，最高法院出台有相关的成文法规定，但它却很少在实践中运用。因为大陪审团并非联邦政府组成部门，不必过分拘泥于有关指控的程序性规则。如果允许联邦法院对大陪审团进行监督，势必会对传统的大陪审团和司法部门互不隶属的格局带来消极的

① Thaddeus Hoffmeister. The Grand Jury Advisor: Resurrecting the Grand Jury's Shield, Journal of Criminal Law and Criminology, 2008.

② 王以真. 外国刑事诉讼法学. 新编本. 北京：北京大学出版社，2004：367.

影响。首先，为应对法院的监督而不得不展示的控方证据及大陪审团采取的一些调查措施将严重威胁大陪审团运作本身的秘密性特质；其次，它将会影响大陪审团自身自由裁量权的行使，会使大陪审团在收集何种证据上有所顾虑，以方便在接受监督时能够进行有效的说明；最后，长久下去，大陪审团发挥的功能必将受到减损，不利于大陪审团的未来发展。[①] 权力制衡理论在立法、行政、司法三机关间适用是必要的，但若要使它在司法、行政机关和大陪审团间发挥作用似乎不易。大陪审团机制本身就是个自治的系统，宪法已明确规定大陪审团独立于司法、行政机关，多数美国人倾向对大陪审团尽量少施加些约束。如果要监督，必须在确保监督不会损害大陪审团程序自治性的前提下进行，而且最好把决定权交给国会，如果国会制定了监督大陪审团的程序规则，联邦司法部可在其职权范围内对国会制定的规则进行相应的细化。

因大陪审团由一批法律外行组成，他们并不熟谙法律知识，在审查证据以及行使调查权，一定的法律专业的指导是必要的。与我国的人民监督员制度一样，担当这一任务的主体同为检察官。在大陪审团面前，联邦检察官扮演双重角色，一方面它迫切要求得到大陪审团签发的公诉书；另一方面它又充当大陪审团的法律顾问。在美国律师协会控诉标准中与大陪审团有关的 3～3.5 部分写道：①作为大陪审团的法律指导者，检察官的任务主要是解释与案件相关的法律，阐明证据在法律上的意义等。②检察官应尊重大陪审团作为独立的法律主体的地位，不应发表影响大陪审团行为的言论，使得后者做出的行为不被小陪审团允许。③检察官和大陪审团的谈话内容应被记录在案。[②]

---

① Susan M Schiappa. Preserving The Sutonomy and Function of the Grand Jury：United States V. Williams，Catholic University Law Review，1993.

② Judge James F Holderman，Charles B Redfern. Preindictment Prosecutorial-conduct in the Federal System Revisited，Journal of Criminal Law and Criminology，2006.

为平衡检察官的这两个角色,《司法部反托拉斯分支机构大陪审团实践手册》要求,指导大陪审团时,检察官应当将自己看做司法官员,参与诉讼的目的是为让正义得以伸张,使不法分子受到严惩,保护无辜者免受不当指控。进行法律方面的指导时,检察官应平等对待每个证人,不能不恰当地引导大陪审团,[①]不得代替大陪审团做出是否存在"合理根据"的认定。

可以看出,在这方面规制检察官行为的规范确实不少。但尽管有这么多规则约束检察官,防止其在指导时越权干涉大陪审团的独立判断,但完全要求他以公正的职业形象、职业道德来约束自己并不具有绝对的可靠性。这种指导模式也多落人口实,如由检察官提供法律指导,大陪审团极易被虚置。这样的质疑在我国的人民监督员制度中也存在。所以,从长远来看,由检察系统之外的专门机构为大陪审团提供法律知识方面的帮助应该是今后的发展趋势。

1.2.3　检察审查会制度

日本的检察官拥有可以不提起公诉的自由裁量权,而且其实行国家追诉主义,但这样可能会造成检察官不起诉权力的不当行使。为此,日本国家专门设置了检察审查会制度、准起诉制度和申请上级检察官行使指挥监督权[②]三种对检察官做出不起诉决定的审查制度,特别是检察审查会制度最为典型。日本在第二次世界大战后,鉴于对国内当时情况和西方"市民参与审判"观念的影响下,于 1948 年针对日本检察审查会制度专门颁布了《检察审查会法》,其设立的目的是大众有权对可能不当的不起诉进行审查。检察审查会制度从诞生之日起,就成为日本国民直接参与刑事司法

① Judge James F Holderman, Charles B Redfern. Preindictment Prosecutorial-conduct in the Federal System Revisited, Journal of Criminal Law and Criminology, 2006.

② 田口守一. 刑事诉讼法,刘迪,等,译. 北京:法律出版社,2000:150.

活动的重要方式和途径，并且发挥着重要的作用。下面对其作用做简单的介绍。

检察审查会的功能主要有两项：一是对检察业务及工作的完善提出建议和意见；二是对检察官不起诉决定是否适当进行审查。检察审查会在一些方面没有大陪审团那样调查的权力，比如在审查方式上。所以“因调查能力不足等制度上内在的缺陷，其实效性受到质疑，象征性意义大于实质的效果”。①

检察审查会成员从民众中通过抽签选出，抽选的范围是：地方法院管辖内拥有众议院选举权的公民。其组成共有 11 名，还有相同数量的候补成员，从中选出 1 人任会长，聘期 6 个月，但是每 3 个月更换一半成员。检察审查会通过审查后评议的结论有以下的情形：不起诉正确，应当起诉，不起诉不正确。2004 年，检察审查会制度进行了全面的改革，这次是由日本国会主持进行的改革。《检察审查会法》修订后规定，检察审查会对做出不起诉决定的检察官发出应当起诉的建议后检察官仍不起诉的，检察审查会可以再通过一次决议，但是如果还有 8 人以上多数的人员做出了应当起诉的决定时，那么这时律师代替检察官提起公诉，这里的律师必须是由法院来指定并承担控诉责任。② 检察审查会制度已经过了 50 余年风雨的洗礼，越来越焕发出持久和独特的生命力，并成为日本刑事司法中的特色制度。

（一）检察审查会的设置

根据《日本检察审查会法》的规定，检查审查会在日本全国共设立 207 个，分别在地方法院和它的分院所在地。检察审查会成员从民众中通过抽签选出，抽选的范围是：地方法院管辖内拥有众议院选举权的公民。其组成共有 11 名，还有相同数量的候补成

---

① 裘索. 日本国检察制度. 北京：商务印书馆，2003：130.

② 顾永忠，薛峰，张朝霞. 日本近期《刑事诉讼法》的修改与刑事司法制度的改革——中国政法大学刑事法律中心赴日考察报告. 比较法研究，2005(2).

员,从中选出1人任会长,聘期6个月,但是每3个月更换一半成员。于每年3,6,9,12月的15号召开会议,但是如遇必要情况时可以由会长临时召开会议。检察审查会的功能主要有两项:一是对检察业务及工作的完善提出建议和意见;二是对检察官不起诉决定是否适当进行审查。除了内乱以及独占禁止法涉及的案件外,检察审查会对其他案件均可以进行审查。

（二）对不起诉监督的启动

检察审查会在检察官做出不起诉决定处分后有对检察官不起诉处分的监督权,但是其监督审查通过两种方式进行。第一种是在没有申请人的情形下,检察审查会根据职权对告密材料、新闻消息或者其他无申请人的检举材料,经过审查会同意后(通常是要求过半数委员(即6人以上)的同意),依照职权开始审查。第二种是依照申请进行,申请人为检举人、控告人、受害人或者请求人,其向检察审查会提出申请,申请以书面方式没有任何时间限制的提出,向做出不起诉处分检察机关所在地的检察审查会提出。但是,同一案件已经做出决定的,不能第二次申请。

（三）审查方式

检察审查会的审查方式可以是依照职权审查,但前提是过半数人员同意方可。审查程序大多为秘密进行,审查的方式是从当事人或者申请者提供的材料中,寻找相关的证据,然后针对申请人提交的申诉书中提出的问题,判断检察官做出不起诉决定是否符合案情、是否客观和正确、是否有法律的依据,然后做出最终的裁判结果。

（四）审查结论

检察审查会的审查结论有以下情形:不起诉不正确,不起诉正确,应当起诉。做出应当起诉结论的条件比较严格和苛刻,应当符合严格的程序:审查评议结果必须由8名以上的检察委员通过才能决定,并且在评议书后必须附上评议审查的理由,然后送交给地方检察厅的检察长(检事正),其职能是对检察官进行管理监督。不起诉不正确和应当起诉的评议是对检察官已处理案件结果的否定。但这种评议结果却陷入没有法律效力的困境,因此检察官也不是必须按照最后没有法律效力的评议书起诉。只有在一种情形下才会正式提起公诉,就是引起检察长关注后,其认为应当按照最终评议的意见处理时,才会提起公诉。

从 1989 年到 1992 年期间,由检察审查会平均每年做出“应当起诉”“不起诉不当”的决议合计为 48 件,其中检察官最终起诉为 11 件,起诉率为 22%。考察 1998—2002 年统计资料,每年大概有 0.2%的不起诉案件提请到检察审查会进行审议。经审议后,最终决定应当起诉的约占 5%～6%,但实际变更为起诉的仅为做出起诉决议的 30%左右,90%的案件在起诉后被法院判决有罪。据考察,当中不乏惩役 8 年、10 年这样的重刑。有人认为,“就这一点上,法律专家当初的判断不如作为一般百姓的判断更加准确。”以 2002 年为例,在 80 万件不起诉案件中,有 2 300 件案件被害人提出申请,要求检察审查会对检察官做出的不起诉决定进行重新审查,其中 140 件经检察审查会审议后认为存在一定问题,应当起诉,送交检察官后,约有 50 件变更为提起公诉。

(五)检察审查会的作用及改革

司法只有获得一国国民的信赖和理解,才能保持持久的生命力。因此,检察审查会制度要将普通民众纳入到司法过程中,有利于增加国民对检察机关和公诉权的信赖;被害人有了对不起诉处分进行审查的有力武器和途径,有利于维护其权益,迎合了日本战后刑事司法中日益重视被害人权益的趋势;检察审查会成员选择的随机性是检察机关体制外监督的运作模式,对检察机关滥用不起诉起到了很好的监督和保障作用。

在看到其优点的同时也应认识到检察审查会的不足:①检察审查会组成成员为基层的普通民众,无法律专业知识和专业文化素养，也没有参加到刑事诉讼程序中去，因此其判断难免有失偏颇，判断的准确性值得考量；②检察审查会没有财力的支持和相关人事制度的保障，容易成为某些利益集团的工具；③最关键的是，检察审查会的决议没有法律效力，对检察官没有强制执行的效力；④审查不起诉时所依据的材料仅限于检察机关或者当事人提供，双方缺乏程序的参与度。由于以上的种种弊端，日本在 2004 年的《刑事诉讼法》修改中特别强化了检察审查会的职能，并针对检察审查会进行了一系列的改革。

1. 聘请法律顾问，以补专业缺憾

检察审查会对检察官的不起诉处分是否妥当进行审查时，如遇特殊情形，可以委托律师为法律顾问。但是如果再次进行审查时，必须委托法律顾问。法律顾问在检察审查会会长的指导和负责下，不得做出诱导检察审查会进行不当判断的行为，法律顾问应当履行以下的责任：①解释与系争案件审核相关的律令及先例；②归纳总结出系争案件事实上的或法律上的疑问点；③整理与该案件疑问点相关的证据；④陈述上述问题的法律意见；⑤帮助制作决定和决议书；⑥应检察审查员的要求发表意见。

2. 细化责任，以保公正

明确了相关检察审查员、法律顾问、补充员的义务、责任及违反责任时的解聘、处罚等相关规定，这样做是为保障审查及判断的公正。而且，进一步对检察审查员以权谋私的相关行为设定了处罚规则。

3. 赋予拘束力，以促效力

如果检察审查会做出认为案件应当进行起诉决定时，在三个月内检察官必须对是否提起公诉思考决议，经过考虑如果检察官还坚持自己不起诉处分的，那么其坚持的理由应当提交检察审查会并汇报。检察审查会再次召开审查大会，坚持的检察官应当出席会议，并向大会陈述不起诉的理由，这次如果再做出起诉决议，则是具有法律效力的决议。对案件须提起公诉,交付审判。

4.明确决议后追诉实行方式

如上所述,检察审查会再次做出起诉决议时,是具有法律约束力的。这时要将决议书副本交予对该案件有管辖权的地方法院。地方法院自接受了决议书副本后,应指定律师对该案件负责实行追诉或者提起公诉。指定律师的职权同于准起诉中被指定的律师。检察审查会从其产生至今已经过了50余年的风风雨雨,成为日本刑事司法中一道独特的风景,随着改革的推进,它必将日趋成熟稳定,对不起诉处分的制约更有力有效。

1.2.4 陪审制

陪审制度源远流长,民主审判的做法由来已久,集中体现了民主法治的精神。追溯到古希腊苏格拉底时期就开创了民众审判之先河,当时每年经抽签选出30岁以上的6 000名公民参加到审判中去。他们分别坐在10个会场内审理案件,人数众多,从200到2 000不等,类似于我们"文化大革命"时期审判"黑五类"。当时苏格拉底时期审判的人数据史书记载多达501人。这种"大跃进、广场式的司法",把司法活动的每一阶段和环节(控诉、辩论、审判、惩罚等)均置于民情民意和众人的目光之下,来防止司法的"暗箱操作"及由此导致的司法腐败和司法勾兑。这样好像是通过"民意"处理了一些通过正当程序和法律流程所难以解决的疑难杂症,但这种民主审判或司法模式充其量是形式上的民主。在这个时期出现的所谓民主审判最突出的问题是它不够专业,具有情绪化、非理性的特点,与现代陪审制度存在着很大的差别。如果说苏格拉底死于当时的法律,还不如说他的死的真正原因在于这种审判模式。这种审判模式很大程度受民意民愤的支配,而其桀骜不驯、不愿屈服的态度与言词恰恰激怒了掌握其命运的民众。与当时原始的民主政治体制相适应的产物是由全体自由民组成民众大会来行使司法审判权司法裁判权。但这种在当时历史环境下看来不错的优秀成果，必然随着历史车轮的前进而不复存在，陪审制度在专政、暴政环境下没有发育的土壤。

现代意义的陪审制起源于英国，它与现代司法理念的融合经历了历史不断演进的过程。最早在 11 世纪初，英王对全国土地进行清理的过程中陪审团才开始运用，这种制度的运用是为了当时的行政管理目的——加强土地管理，因此，国王任命的调查员必须召集 12 名当地知情人查清当地土地情况。以此为基础，英王亨利二世又颁布了一系列相关的法令、法规，如《克拉灵顿诏令》和《北汉普顿诏令》，民事和刑事诉讼中陪审制才得以正式确立。资产阶级革命时期，陪审制为启蒙思想家所赞赏，并赋予这一制度新的意义："强调每个人都有权由'和自己同类的人'来审判，甚至提出'人民代表参加审判'的口号，企图以陪审制作为从封建主手里夺取司法权和保障新生资产阶级利益的一种手段。"1215 年，英国国王约翰在当时贵族的强权下签署了《自由大宪章》，其中第 39 条规定：凡自由民非经其同辈之人依法判决或者遵照国法律之规定，不得加以扣留、监禁、没收财产、剥夺法律保护权或者加以放逐、伤害、搜查或者逮捕。尽管当时自由民的范围没有明确而且比较狭小，但历时三个世纪后，全体佃奴都属于自由人的范围，《大宪章》赋予权利的范围得以覆盖到了全体国民。爱德华一世时，在法律上对法官与陪审团的职权进行了分工。这一划分使得司法民主和司法专业化各得其所，是历史的巨大进步。到了 1500 年，陪审团成员不再包括了解案件事实的人，他们被排除在外作为证人被传唤到陪审团前提供相关的证据，这种转变使得陪审团更加符合司法的程序正义要求，那些先入为主的人、可能存在种族歧视的人、预断之人都不得参与案件的审理。这样的陪审团才是符合现代司法理念的，最为重要的是其拥有独立于法官的职权，这样的陪审团最终得到确立。英国因其陪审制的产生、采用、发展，使其司法在世界范围内赫赫有名。陪审制所体现的民主、法治精神已经渗透进一国的诉讼制度中，尽管在今天越来越少的国家采用陪审制，但不容否认的是，陪审制曾被世界上很多国家竞相效仿，并被大陆法系国家改造为民主司法的另一形式——参审制，该制度曾被以美国为代表的众多国家采纳。再回头来看英美法系的陪审制下，陪审团是由当事人选择若干普通公民组成的，陪审团与法官分工明确，陪审团负责案件事实的认定，因其具有朴素的正义，法官只是对适用法律做出最终的裁判 。

陪审制是英美法系最重要的民众参与司法的形式。由普通民众作为非职业法官（陪审员）组成陪审团就案件的事实问题进行裁判。陪审团审判在英格兰、威尔士被看做民主自治的重要方式；在美国作为基本人权写入了宪法。美国现行的刑事诉讼制度中的陪审制体现在美国《联邦宪法》第五及第六修正案、《联邦刑事诉讼规则》《联邦陪审团挑选及服务法案》和《美国法典》以及众多的司法判例中。与英国陪审团不同，美国的刑事陪审团除了有小陪审团，还保留了大陪审团。众所周知，大陪审团是起诉陪审团，其人数组成因各州而异，但一般来说，大陪审团人数为 5～23 人。在美国，刑事陪审团主要运用在三类案件中：一是死刑案件必须接受陪审团审判，因此适用于可能判处死刑的刑事案件中。二是适用于可能判处 6 个月以上监禁的刑事案件中，但美国因各州而异。有的州将此作为任意性规定，规定被告人对此拥有选择权，如被告人接受辩诉交易、作有罪答辩，或是经政府检察官和法院同意而书面放弃陪审团审判，可以不适用陪审团审判；有的州则将此作为强制性规定。三是可以适用于单处罚金的刑事案件中，如果罚金数额巨大，可以选择运用陪审团审理。总体来看，美国刑事陪审团审判的案件数量呈萎缩之势，基于诉讼经济的考虑，大多数刑事案件都是通过辩诉交易解决的，因此英美法系的陪审团制度呈现出某种衰退或者萎缩之势。

1.2.5　参审制

参审制，是在刑事审判中，由陪审员和职业法官共同行使审判权、共同决定案件事实问题和法律问题的民众参与制度，两者共同做出最终裁判，又称为混合法庭制。参审制是公民参与司法的又一种代表形式，法国和德国为参审制的代表性国家。参审制度可以追溯到法国，大陆法系其他国家的刑事参审制大都以法国为蓝本。在法国，犯罪由轻到重分别为违警罪、轻罪与重罪，那么违警罪法庭、轻罪法庭和重罪法庭也由此相应而设。刑事陪审制度只适用于重罪法庭审理的刑事案件中，也就是可能判处 10 年以上有期徒刑和无期徒刑的重罪案件以及上诉的案件。重罪法庭只是定期开庭，并非常设机构。通常，一审审理的案件合议庭由 3 名职业法官和 9 名陪审员组成，上诉案件由 3 名职业法官与 12 名陪审员组成。法国起初是借鉴英国，由小陪审团来认定案件事实，决定罪与非罪，此罪与彼罪，有无加重、减轻以及免除的事实；职业法官负责根据陪审团的决定适用法律。但在实践中，这种将事实认定与法律适用分离的做法，在实践中产生了问题，因为陪审团审理并判决无罪的案件过多，甚至对于一些证据充分的有罪案件也做出无罪裁决。后来的法律又规定：陪审团负责对事实问题做出评议，之后量刑问题与法官共同议决，这样是为了解决法官与陪审团之间的冲突。因此，法官与陪审团之间的合作取代了两者的分离。再后来，法律进一步规定，法官与陪审团共同参与案件事实之决议，这就完成了陪审制向参审制的转变。经过这两次修改，法国的陪审制与英美的陪审制有了实质性的差别，它已发展为大陆法系特有的陪审制度——参审制。

德国后来也效仿法国的陪审制。1877 年，德国的《法院组织法》在法律上对陪审团模式与参审模式给予了肯定，陪审团模式与参审模式并行的陪审制度由此在德国的刑事诉讼中确立下来。

1924 年,魏玛共和国议会废除了陪审团制度,德国才最终在刑事诉讼中全面确立了刑事参审制度,并在立法上予以了肯定。参审制度在纳粹独裁统治时期曾被废止,二战后又重新得到恢复和大力推行。历史发展到了今天,德国仍是实行刑事参审制的国家之一。在德国,陪审员与法官结为一体,由 2 名陪审员与 1 名或 3 名职业法官组成陪审法庭,两者在认定事实和适用法律方面有同等的权限,两者合作进行审判。德国法庭有两种基本类型:一种针对较轻的犯罪,由 3 人审理,包括 1 名职业法官和 2 名非职业法官,这种法庭叫做“陪审法庭”。轻微刑事案件可以由 1 位职业法官独任审理,但是,可以上诉至一个由 1 位职业法官和 2 位非职业法官组成的叫做“小法庭”的 3 人法庭,上诉针对的是案件的事实问题与法律问题。另外一种是 5 人的“大法庭”,通常由 3 名职业法官和 2 名非职业法官组成,审理较严重刑事案件的法庭。值得注意的是,在审理包括杀人在内的极严重犯罪时此法庭称为“陪审法庭”。

虽然陪审制在大陆法系国家的培育和发展已有 200 年历史,但是,陪审制的作用十分消极,这源于大陆法系与英美法系的诉讼模式的不同。形式上,大陆法系国家陪审员与职业法官有着完全相同的权力,好像比英美法系陪审团的权力要广泛得多。但实际上,大陆法系国家奉行职权主义诉讼模式或者当事人主义诉讼模式,庭审本身的意义大打折扣。因为法官的庭前调查活动对庭审有着十分重要的作用,所以庭审就成为了法官内心确信、重新印证判决的重新推演。同时,因其难于参加庭前活动,陪审员对庭审提出的事实与证据往往感到十分困惑。此外,裁判者——法官——在诉讼中所处的主导地位也使未受过专业训练的陪审员力不从心、底气不足。因此,虽然在理论上,陪审员在做出判决时与职业法官有着平等的表决权,但是普通公民因为自己的力不从心、底气不足往往折服于职业法官专业知识,表决时也就总是与职业法官的意志一致，不敢相左。因此，不管混合庭中陪审员的人数有多少，职业法官总是对混合庭的决议起着主导作用。

说到参审制不得不提专家参审制度。随着科学技术的发展和日新月异的变化以及人类专业化的不断细分，许多专业性很强的诉讼案件缺少专业人士的参与将面临着举步维艰的困难。因此，许多国家在陪审员的选任上做出了一些新的尝试，即坚持非专业人士陪审员为主体的前提下，在一些特殊案件中特别是专业性比较强的案件中引入相关的专业陪审员，如德国在审理普通刑民事案件（普通法院）、财务案件（财务法院）、一般行政案件（行政法院）均由不具有法律知识，也不具有其他领域专业知识的普通公民作为陪审员。对于社会保障案件（社会法院），则选用“受给者”与“给付者”的代表；劳工案件（劳工法院）选用劳资双方的代表；商事案件（商事法院）选用商人。我国台湾地区在军事审判中也采用专业陪审，其《军事审判法》第 34 条第 2 项明确规定：“参与审判的军官对被告犯罪事实涉及专门技术之案件，应具有该项技术之专长。”①

在学者们高谈阔论参审制与陪审制差别的今天，笔者认为两者的共性是大于个性的，因为两者都应合乎自由、民主、法治等基本理念。这既是陪审制存在的重要依据，也是“平民参与”区别于职业法官裁判的根本理由。因此，陪审制或参审制不论从制度设计还是价值选择都应以这些目标为导向。但与法国参审制相比，德国参审制实际上是远离了此价值目标。例如，德国的参审员选任程序是适用提名推荐制度，这没有广泛的代表性，谈何“人民主权”价值理念。德国的职业法官在庭审、合议、表决时都发挥着重要的主导作用，使参审制带有极强的职权主义色彩，难以成为“反司法专权的壁垒”；德国参审制的运作理念也不符合陪审制的一般

① 姜小川，陈永生. 国外陪审制的起源与变革. http://www.findlaw.cn/Lawschool/html/2004-3-12/2004312113330.htm，2011-08-15.

理念,如上诉制度采用职业法官裁判,有悖“人民主权至上”的基本理念;职业法官撰写书面判决理由,难以反映参审员意志等。因此,笔者认为,与德国参审制相比,法国参审制更具典型性。我国实行人民陪审员制度,人民陪审员与审判员共同组成合议庭,行使审判权,做出裁判。从此点上看,人民陪审制与参审制有类似之处。

1.2.6 其他

如法院之友制度,又称法庭之友,是美国民众参与司法的一种代表性制度。具体而言,法院之友制度是指在法庭审理案件的过程中,当事人以外的第三人向法院提供与案件有关的事实或者适用法律方面的意见,以影响法院判决的一项制度。以“法院之友”的身份介入诉讼主要有两种途径:一是递交“法院之友”书状,在书状中详细载明自己的主张及其事实和理由;二是直接参与法庭辩论、质证和交叉询问。其中,又以第一种方式最为常见。在美国,不但绝大多数案件中有“法院之友”介入,而且法院判决中援引“法院之友”书状意见的比例也很高。可见,“法院之友”是美国当代司法制度的重要组成部分,扮演着不可或缺的角色。从美国的审判实践来看,“法院之友”书状被认为有助于法院公正审理案件,因为书状能够提供不被法院所知悉的证据事实和法律意见等信息,而这些信息往往能为法院做出公正判决提供帮助,同时,这种参与使得民主精神贯彻到审判活动中,为裁判提供民意的基础和支持。

“社会法律工作者”制度以德国为代表。由普通民众组成的社会法律工作者在劳工秘书处、妇女权益保护机构、青少年保护中心,或者以其他名义设立的协会或社团为社会提供公益性质的法律咨询等服务,目的在于帮助那些常常不知道自己拥有哪些基本权利,不懂得如何行使这些权利的穷人。早在 1924 年的德国司法改革中,通过在原则上赋予这些组织对法定的调解程序的管辖以及强制执行、和解的资格，确认这些机构构成了德国司法不可或缺的组成部分。他们的工作为社会提供了一种新型的法律活动。这种发展的努力方向被认为是使得法官不断地从执法官变为调解法官，从刑事法官变为救济法官，即社会法律工作者。

另外，我国的司法实践中还有人民调解制度、人民检察院的人民监督员制度等，这些制度后面将详细论述。

1.3　司法职业化与司法大众化之间的关系

法学界对司法职业化还是大众化进行了激烈的争论，有学者认为通过应该职业化，司法判决必须由谙熟法律的法官根据案件事实和法律独立做出，不应该受媒体和大众的影响，因为司法最重要的品格就是独立，民意有时候是非理性的；有学者认为只有通过民众的参加，充分尊重民意，才能推动司法的进步。那么，司法职业化与司法大众化是否存在矛盾呢？笔者认为，司法职业化与司法大众化之间不仅没有冲突，两者反而是相辅相成的。通过司法职业化来提高法官的法律素养自然是司法活动的必然要求，法官作为社会纠纷的终局裁判者，在司法实践中充分尊重和遵从法律是法官的职责和生命。我们必须承认，司法职业化可以确保司法独立，法官并非任何人都可以胜任的职业，司法职业化是法治社会的必然要求。但是，我们不能从一个极端走向另外一个极端，过分重视司法职业化而忽略司法大众化。司法职业化也有自身的弊端，司法职业化造成法官形成一个共同体，垄断着司法的话语权；同时司法活动的独立性则要求法官远离当事人、律师和社会，于是法官开始自我封闭，开始神秘化。过分强调司法职业化的弊端主要体现在两个方面。一是会产生司法腐败，民众对法官的权力无法监督，法官手上的权力越来越大，如果没有相应的制约与监督机制的话，极易产生司法腐败。一些法官开始运用自己手中的审判权“寻租”，最高人民法院原副院长黄松有案就说明了这一点。二是会导致司法缺乏民意基础。在当代中国，如果法官过分远离民众，不吸纳一定的社会民意，让民众参与司法，司法判决就会失去民意的基础，不仅判决本身会引起社会较大的争议，司法机关甚至整个政权都会丧失权威性和正当性。[①]

法律作为相对抽象和专业的规范，与丰富多彩的社会生活必然存在或多或少的隔阂，甚至冲突。司法裁决是法官依据法律对案件进行逻辑推理的结果，就法律适用而言，它是理性思维的产物，这就决定了司法裁决与社会民意必然会存在一定的差别。司法大众化正是基于弥补这种差别而提出的，它要求司法活动应贴近社会生活，能为大众所理解和支持，进而为大众所信服，司法裁判应获得社会较普遍的接受和认可，从而逐渐培育民众对司法的尊重和对法律的信仰，而不是高高在上，置大众的理解和支持于千里之外而独善其身。人民司法绝对不是少数人的权利，人民法院独立行使审判权并不排斥司法的大众化，人民群众应当有更多的方式和渠道来参与司法、监督司法。公民参与司法非但不会影响司法的独立性，相反会促进司法的独立性。两者之间实际上是一种辩证的关系：如果公民不介入，司法机关封闭运行，但实际上其内部会受到更多的行政化方面的干预；如果公民介入了，公民可以制衡此类行政干预，这样不仅不是妨碍，反而是保证了司法独立。最近，有的法院推行审判管理，调查显示，审判管理就是强化了对审判权的行政干预，因为审判员裁判案件必须经过院、庭长的同意。如果这么发展，司法会向着越来越不独立的方向发展。因此说，公民参与是促进司法独立的。中国的司法改革路径就是把司法职业化与司法大众化进行有机的结合，建立和完善公民参与司法的相关制度，构建完善的法律监督体系。

---

① 巩军伟.论司法职业化与司法大众化.兰州大学学报，2010(5).

第2章　公民参与司法的理论基础

2.1　公民司法参与权的法理基础

我国宪法第2条明确规定：中华人民共和国的一切权力属于人民。人民行使国家权力的机关是全国人民代表大会和地方各级人民代表大会。人民依照法律规定，通过各种途径和形式，管理国家事务，管理经济和文化事业，管理社会事务。这是公民享有司法参与权在国家根本大法上的依据，有关司法活动的其他法律规范的制定必须以宪法的规定为指导。在国家的基本法律中，我国现行的《刑事诉讼法》均较为全面细致地对公民如何参与司法活动做出了规定。除此之外，全国人大常委会通过并发布的《关于完善人民陪审员制度的决定》，以及最高人民法院、最高人民检察院颁行的许多相关司法解释，诸如《关于人民检察院直接受理侦查案件实行人民监督员制度的规定（试行）》等，也为公民行使司法参与权提供了可依据的规范，这些法律规范正是宪法规定的具体化。

公民本义就是有权参与国家政治和司法的人，人们通常给公民这个概念的界定是“有某国国籍的人”。如我国宪法第33条规定：“凡具有中华人民共和国国籍的人都是中华人民共和国公民。”亚里士多德在其《政治学》一书中提出，公民的本质或“全称的公民”（即完整意义上的公民），是“凡得参加司法事务和治权机构的人”或“凡有权参加议事和审判职能的人”。马克思则指出，公民即“公人”，是参与社会政治共同体即参与国家公共事务的人，是“政治人”，他们参与国家事务的政治权利即公民权利，这种公民权是同政治共同体相结合的权利；而“私人”，即作为市民社会的成员的人，是“非政治的人”，是“自然人”，他们所享有的个人生命、人身自由、私人财产等权利是“私权利”，是不受国家干预的权利。公民作为政治人的政治权利的实质是使公民对于国家意志的形成能发生影响。“我们所谓政治权，是就公民参与政府、参与形成国家意志的能力而言。换一句朴实的话来说，这是指公民参与法律秩序的创立”。在我国，“人民当家做主”固然主要依靠人民代表大会制度来实现，同时也要通过公民和社会组织的直接参与政治和法治来体现。因为公民和作为公民共同体的社会组织的本质就是有资格参与政治、参与法治的主体①。

美国政治学家卡罗尔·佩特曼出版的《参与和民主理论》一书，系统阐述了其参与民主理论，“真正的民主应当是所有公民的直接地、充分参与公共事务的决策的民主，从政策议程的设定到政策的执行，都应该有公民的参与。只有在大众普遍参与的氛围中，才有可能实现民主所欲实现的基本价值如负责、妥协、个体的自由发展、人类的平等。”因为承认人人均是社会平等的主体，所以，社会的安宁、秩序的维护，每个人便都参与其中。刑事诉讼以追究犯罪为目的之一，而犯罪则意味着对社会秩序的侵害。这种侵害既是针对个人的，又是针对群体的；既能造成有形的损伤，又会给人们带来心灵的恐慌。这样，保卫社会便是保卫个人就成了人们的普遍共识。与此同时，法治的价值理念又使人们相信，服从法律是一个人对社会应尽的责任，同时也是他的利益和良知所在。一个人只有履行了法律赋予他的义务，法律也才能在他需要的时候给予他无私的帮助。正是基于对民主和法治的这种观念的认识，现代社会的人们才具有了参与诉讼的热情和内在动机。

司法权归根到底是人民的权力。司法机关的设立，很大程度

① 亚里士多德. 政治学. 吴寿彭，译. 商务印书馆，2009：1，103.

上是为了给予社会主体有可能利用诉权或司法救济权来抵抗国家权力对社会主体的侵犯。设置司法机关和诉讼程序,就是为了以之制约国家权力的专横。审判机关是介于国家、社会政府与公民以及其他社会成员之间的中立者和公正的裁判者。司法独立的根本意义就在于使司法权从其他国家权力中超脱出来。可见,审判权这一国家权力中已经含有社会性因素。司法权是维护人民意志与权利,主持社会正义,惩治犯罪,矫正违反人民意志与利益的立法行为与行政行为的权利。如果政府出现错失,人民还可启动和依赖司法最终予以补救。

可见,司法机关是人民群众期盼能主持社会正义的最后凭借。社会主义的司法,离不开社会主体、公民的积极参与。“人民法院”“人民检察院”的称呼,不只是贴上一个阶级性的标签,也不只是意味着两院及其官员要为了人民、代表人民行使职权,而是还要求其行使司法权力时有公民和社会组织多种方式的参与。[①]

2.2　公民参与司法的宪政基础

我国宪法第二条规定:“中华人民共和国的一切权力属于人民,人民依照法律规定,通过各种途径和形式,管理国家事务,管理经济和文化事业,管理社会事务”,宪法这一明文规定,反映出参政权和其他权力是公民不可或缺的甚至更重要的一项基本权利。宪法第 41 条规定:“中华人民共和国公民对于任何国家机关和国家工作人员有提出批评和建议的权利;对于任何国家机关和国家工作人员的违法失职行为,有向有关国家机关提出申诉、控告或者检举的权利”。这一规定表明了公民的另一项基本权利,即对国家机关及其工作人员的监督权。监督权是公民所有其他权利得以实现

① 罗伯特·达尔.论民主.李柏光,林猛,译.北京:商务印书馆,1999:187.

的条件和保障，公民唯有利用监督权才能防止国家权力对自己权益的不法侵犯，才能使自己受损的权利和利益得到实质的补救。权力来源于公民的权利原理，证明了公民有权监督和制约权力的行使。然而要实现以上这些目的，公民的参与是不可或缺的一个前提条件，也是一种最有效的保障。唯有让公民参与到权力的行使中来，才能保证权力的合法行使，当然参与的形式和途径可以是因时因事制宜的。

法律是统治阶级意志和利益的反映，同时，法律也是广大人民群众中各种利益要求相互妥协的结果。因此，只有人民群众广泛而普遍的参与，才能使法律反映最大多数人的最大利益，同时又尊重和保护少数人的个体利益。尤其在我国实行社会主义市场经济体制，承认市场经济主体的多元化利益，将“依法治国”作为治国方略之时，确保治国依据——法律的正义性、人民性，真正成为良法，更显得必要和迫切。公民参与权是人民作为国家主人，在国家和社会二元分化的条件下，通过程序的参与，达到实体的参与，以真正实现人民当家做主的有力保障。

2.2.1 人民主权论

人民主权思想源远流长，早在古罗马时代就有“罗马人民就是国家”[1]的观念。但真正使得人民主权成为一种强势思想的是西方资产阶级的启蒙思想运动。尤其是洛克、卢梭等启蒙思想家所倡导的社会契约论奠定了人民主权论的基础。洛克认为，人民的自由、平等来源于自然法，人的生命、自由和财产权利是人作为人不可剥夺、让与的自然权利；政府的权力“起源于契约和协议，以及构成社会的人民的同意”，如果政府背离人民委托而滥用权力，则

① 皮兰杰罗·卡塔兰诺.分权与人民的权力.方新军，译.河南政法管理干部学院学报，2005(1).

人民拥有反抗权和革命权，因为“人人都享有自卫和抵御侵略者的权力”[①]。在卢梭看来，社会契约是国家权力和社会存在的基石，他认为“它是合法的约定，因为它是以社会契约论为基础的；它是公平的约定，因为他对一切人都是共同的；它是有益的约定，因为它除了共同的幸福而外就不能再有任何别的目的；它是稳固的约定，因为它有着公共的力量和最高权力作为保障。”[②]这样，政府的权力应当按照人民的意愿进行，保卫人民的生命、健康、财产权利。当政府超出人民的意愿滥用人民赋予的权力时，人民便可收回政府的权力，并赋予代表他们的新政府。因此，人民主权即主权是属于人民的，与之相对应的观念有“君主主权”“法律主权”“议会主权”等。我国宪法明确规定“中华人民共和国的一切权力属于人民”，这是人民主权原则在根本大法中的表述，并为我国现代民主政治体系的建立奠定了法理基础。人民主权论充分肯定了司法权来源于人民，司法权是与立法权、行政权并列的一种国家权力，其权力合法性的源泉同样是来自于人民。司法机关和司法工作人员是受人民的委托行使国家的司法权，并向人民负责。[③] 因此，人民主权论要求民众充分享有司法的参与权和监督权，人民既然是司法权力的最初享有者，刑事司法之门就应向民众敞开，人民就应当参与到司法机关及其司法活动中去，并且对司法活动进行监督。这种参与权和监督权不是写在书本中，不是抽象的空中楼阁，而是人民主权论在刑事司法中的具体表现。在我国，以人民代表大会制度为核心的政权组织形式，既是我国人民主权原则的具体体现，又是人民主权原则的重要内容，更是人民主权原则得以实现的重要保障。人民陪审员制度体现和贯彻了人民主权原则，并使这一原则在司法实践中得以具体化，保证审判机关真正按照人民意志

① 洛克.政府论:下篇.叶启芳，等，译.北京:商务印书馆，1964:105,140.

② 卢梭.社会契约论.何兆武，译，商务印书馆，1980:44.

③ 胡铭.刑事司法民主论.北京:中国人民公安大学出版社，2007:125.

依法行使职权。这些都是人民主权原则在刑事司法中的具体化。

2.2.2 分权制衡论

任何权力都要受到制约,以国家为后盾的强大的司法权更要受到监督。公民直接参与司法的决策运作和案件的审判,等于分享了一部分司法权,弱化了司法官的权力,增强了当事人的力量,改善了国家、司法权与个人力量的比例关系,使国家权力与个人力量在量上形成平衡结构,从而构成对司法权的社会监督。公民参与司法的各项改革措施对于加强对公权力行使的监督,防止司法专权具有特别重要的意义。从我国现行的司法体制的设置以及司法权力配置的角度来看,已经体现了权力控制和制约的特点,即司法机关既要受人大、政协和党纪监督(这种监督不是经常性、程序性的监督),也受司法机关其自身的制约。但由于司法机关在办理案件的过程中,外部监督缺乏刚性的监督程序,故监督往往难以达到应有的效果。要彻底解决司法机关在办理案件中出现的司法不公、不廉等问题,就必须对办案环节实行有效的全方位监督,除了建立规范化的内部监督制度外,还必须构建程序化、制度化、规范化的外部监督机制,而民众参与司法机制正是这样一种外部监督机制。它将民众对司法机关办理案件的所有环节的监督纳入了制度化、规范化、程序化的轨道,使司法机关在办理案件中受到强有力的外部社会权利制约。这一制度的设置不仅契合了权力制衡论的基本原理,而且能够较好地回答"谁来监督司法机关"的问题,提高司法机关执法活动的透明度。

2.2.3 民主法治论

美国学者罗伯特·达尔在《论民主》一书中认为,民主法治根源于以下司法观念:一是司法权来源于人民;二是司法机关存在的必要性;三是司法机关必须尊重人格尊严和价值;四是司法权的有限性；五是以民为本的司法制度才具有生命力。基于民主法治的理念，英国司法改革报告明确提出，刑事司法制度的宗旨是为公众服务。[①] 因此，公众对该制度的了解、信任与参与是极为重要的。法治国家，司法独立要求司法人员职业化、专门化；与此同时，人民当家做主原则又要求必须实现司法民主化，让民众适时地参与司法活动。民主法治可以消除公众对司法活动的距离感，增添公众对司法的信任。距离感的产生，使得“在缺乏人们一般关心和参加的基础上建立起来的信任根底很浅，当司法需要与强有力的国家权力或政治权力相对抗，保护自己特有的价值时，却较难获得支持这种努力的民主主义的社会基础。”公民对司法活动的信赖是司法树立和维持其权威的前提，司法民主能够增强司法与公众的联系，以此获得公众的信任。

当今我国是一个现代的民主法治国家，宪法规定人民是国家权利的最终拥有者，不是法治的对象，而是法治的主体，要实现建设社会主义法治国家的宏伟蓝图，建设社会主义法制现代化国家，就必须调动广大人民群众参与法律生活的积极性。任何一个法治国家都需要民主的力量，都要以民主自由为基础。我国司法中民众参与的依据是民主法治的宪政原则，参与司法的社会民众，按照一定的规范与程序，对司法机关办理案件的过程进行程序性监督，保障司法机关有序、公正地行使司法权。

2.2.4　正当程序论

“正当程序”一词最早由美国的詹姆斯在起草《权利法案》时提出，并被美国宪法确立为一项基本原则。所谓正当程序的中心含义是指：所有权益受到判决结果影响的当事人皆享有被告知和陈述自己意见并获得听审的权利。从美国法院适用正当法律程序的

① 罗伯特·达尔. 论民主. 李柏光，林猛，译. 北京：商务印书馆，1999：123.

情况看,正当法律程序条款实际上是从"程序性正当程序"与"实体性正当程序"两个方面对国家公权力进行约束和限制来保障公民的权利,防止国家权力的滥用。通常人们认为,实体性正当程序针对的是立法,立法机关制定的任何一项触及公民基本权利的法律都不能是任意的和不合理的,都必须提供正当性的程序保障。另外,程序性正当程序针对的是司法机关的司法活动,指司法机关必须按照法定的具有正当性的法律程序来进行司法活动。正当程序原则将限制和剥夺公民基本权利的程序性问题纳入到法律规范中,如监听、搜查、羁押等措施都应有法律的明确授权,使得国家公权力在追诉犯罪的活动中的行为受到法定程序的限制,从而为公民基本人权保障提供法律依据。从正当程序产生和发展的轨迹来看,其根源在于对政府行使权力的怀疑。通过保障公民权利来限制政府权力,这种权利和权力的逻辑关系是现代民主法治的必然要求。

正当程序理念体现了正义对法律程序的基本要求,具备正当程序要件的程序才称得上是公正的程序。正当程序在诉讼制度上的表现主要在于确保利害关系人参加,即与程序的结果有利害关系或者可能因该结果而蒙受不利影响的人,都有权参加该程序,并得到提出有利于自己的主张和证据以及反驳对方提出之主张和证据的机会。如果与程序结果有利害关系的当事者,缺少参与对其产生影响的诉讼过程的机会及保障,或者程序参与的结果未能及时而合理地被告知,则该程序就是与正当程序理念背道而驰的。

2.3 公民参与司法之司法民主论

美国著名政治学家罗伯特·达尔(Robert Alan Dahl)提出了"多元民主"理论,指出民主是多种利益集团相互作用,而公民的广泛参与是民主的核心,"民主是所有成年公民都可以广泛分享参与决策机会的政治体系"。民主不仅是在国家层面上,而且是在地方和基层各个层面上多元化的参与。我们国家宪法规定，国家的一切权力属于人民，人民依照法律规定，通过各种途径和形式，管理国家和社会事务。毫无疑问，国家司法权属于人民，司法民主更呼唤人民的参与，保障好人民群众的知情权、参与权、表达权和监督权等合法权益，就必须坚持以人为本，这是践行司法为民、推进司法民主的关键环节。

2.3.1　对司法民主的解读与定位

司法民主是一项基本的现代司法理念，是司法权属于人民的体现，是司法获得民众的信任，法律得到民众的信仰，社会实现和谐有序的必然要求。现代刑事司法审判应是独立的司法机关通过体现民主精神的程序所进行的适度反映民意的诉讼活动，通过蕴涵和体现民主性的程序让民众有效地参与和监督刑事司法，以重塑司法的正当性和权威性基础。现代刑事司法民主应以间接式司法民主为主要形式，辅之以直接式司法民主，并注重理性主义式司法民主与经验主义式司法民主的融合。这是与“口号式”或“群众运动式”的所谓司法民主相断裂的。民众参与刑事司法、民众监督刑事司法、程序公开、程序法定、司法独立、司法审查、当事人的参与和诉讼人权保障等构成了现代刑事司法民主的主要表征。

2.3.2　直接式司法民主与间接式司法民主

从民主制的分类和历史实践来看，人类实现民主的形式可以分为直接民主与间接民主两种形式。一般而言，直接民主就是指公民作为国家的主人直接管理自己的事物，而不是通过中介或代表。直接民主实际上是国家管理事务上统治者和被统治者身份的重合。直接式司法民主则是指普通民众直接参与到司法审判的过程中，代表形式是陪审制，即由随机抽取的民众组成陪审团或者担任陪审员直接参与审判。间接民主，又称代议制民主，指公民通过由自己自愿选举出的代表来负责制定法律和管理国家公共事务。间接式司法民主指普通民众不以直接的方式参与司法审判，而是通过本身体现民主属性的程序或富有影响力的间接方式参与司法审判，从而使司法适度反映民意的过程，如监督司法等。

人类社会早期采用的民主制度通常是直接民主，最典型的代表就是古希腊、雅典的民主制。在雅典的城邦民主中，行政方面，由全体公民在所有公民中选举官职，公民还有抽签参加政治机构的权利，一切职务不得久任，最高统治权属于公民大会；在司法方面，有公众法庭制度，这种法庭由全体公民或全体公民选出的代表组成，有权审判一切案件或大部分案件。这种直接民主显然是与雅典城邦小国寡民的特点相适应的。现代社会的政治生活中虽然也有全民公决这样的体现直接民主的措施，但是，毕竟将所有的大小事宜都付诸全民决定，其可行性是值得质疑的，且基于直接民主的成本高、风险高、易导致对抗和易情绪化等缺陷，当代已经难以觅见以直接民主为主的民主国家了。尽管如此，我们仍不能忽视直接民主的积极意义，笔者认为，直接民主的传统对民主理论的最大贡献主要在于它所包含的合法性（正当性）观念。卢梭作为直接民主的极力倡导者，其《社会契约论》尽管受到几代自由主义者的强烈批评，但仍具强大的感染力。原因在于，“卢梭对政治权威合法性的强调引起人们的强烈共鸣，特别是唤醒那些在专制制度下呻吟的人们去探索、去追求、去奋斗，以便建立一个更具合法性（正当性）的制度”

现代各民主国家一般都是实行间接民主。正是在这一意义上，“在现代社会，若间接民主没有安身之处，民主也就寿终正寝了”。在间接民主之下，主人和主事是可以分离的。人民作为主人，其可以聘请比自己更能干的仆人。由于人民并不亲自主事，所以间接民主要求有一整套监督机构和监督机制来对人民的代表及由此产生的政府进行监督和防范，以免仆人滥用权力变成主人。在间接民主之下，公民参与国家的管理受到鼓励，这种参与是旨在巩固和扩大公民的自由，而不是缩小和取消这种自由；是旨在通过参与来加强对国家和政府的监督，而不是为操纵者盗用民意提供管道；旨在让公民行使参政的权利，而不是像“文化大革命”时期的政治运动那样，把参政的权力变成强制性的义务；旨在调和与消除社会冲突，而不是挑动和加剧这种冲突。

2.3.3　理性主义式司法民主与经验主义式司法民主

我们可以将司法民主区分为理性主义式司法民主和经验主义式司法民主。前者以理性主义哲学为指导，注重对于司法民主的制度设计，法官在审判中具有主导地位，主要通过演绎和逻辑的方法来探求案件的事实，民众对于司法的直接参与受到限制。理性主义一般与司法克制联系在一起，倡导对司法权和司法自由裁量权做严格的限制，如民众对法官的监督。后者以经验主义哲学为指导，注重解决司法民主中的现实问题，主要通过归纳的方法，程序具有绝对的优先性，而实体的真实被认为是相对的。经验主义往往与司法能动联系在一起，法官能够造法，出于更超脱的地位，有崇高的地位和终身任职权。只要行为正当就可以继续任职，陪审团的裁判可以突破现有法律，尤其倡导可以通过扩大平等和个人自由的手段来促进社会正义和人权保障，陪审团的裁判被认为是最终的判决而具有严格的既判力。

2.4　公民参与司法的价值分析

公民参与司法不是盲目的，更不是为了简单地迎合民众的需要，其本身有着深刻的价值底蕴。

2.4.1　促进司法公正的实现，体现社会的一般正义

从发现真实来看，民众参与刑事审判有助于正确认定事实。

普通民众的生活经验和社会阅历使其能够根据一般的社会经验来判断是非，这种社会经验常常对于认定、发现真实至关重要，而法官作为社会的精英阶层，处于法律职业的象牙塔中，其经验和阅历是局限的。贝卡利亚曾指出“优秀的法律应当为主要法官配置一些随机产生的而不是选举产生的陪审官，因为，在这种情况下，根据感情做出判断的无知，较之根据见解做出判断的学识要更可靠一些，如果说寻找证据需要精明干练，作出结论必须明白准确的话，那么，在根据结论作出裁判时，只要求朴实的良知；而一个总是期望发现罪犯同时又落入学识所形成的人为的法官，他的知识却比较容易导致谬误。”①从适用法律来看，普通民众的参与使得裁判的结果更具人性化而容易被当事人接受。民众的参与使得裁判的结果更加符合社会的一般正义和普遍利益。从程序正义来看，民众的参与体现了程序参与原则，这本身反映了程序正义的精神。更为重要的是，民众的参与有利于保障司法独立、防止行政权等其他国家公权力干预刑事审判，为抵御各方干扰实现独立审判提供了保障。行政权或地方保护主义常常能从法官的升迁、任免、经济待遇等方面给审判施压，而对于参与司法的普通民众，就不大可能施加这种影响。此外，民众的参与对于公开审判、直接言词、交叉询问等都具有一定的要求和保障作用。

因此，司法公开不仅是我国社会主义民主政治建设和法治建设的重要组成部分，也是司法现代化和民主性的重要标志。② 要实现司法公开，必须引入公民参与，缺乏体制外的不特定主体参与，司法活动极易为特定人群所“独占”，容易发生腐败。虽然民事、刑事、行政三大诉讼法均以公开审判为原则，但实践中尤其是刑事、行政案件中，部分司法机关并没有先期公布开庭情况。近年

① 贝卡利亚．论犯罪与刑罚．黄风，译．北京：中国大百科全书出版社，1993：20.
② 罗尔斯．正义论．何怀宏，等，译．北京：中国社会科学出版社，1988：227.

来，司法系统不断涌现窝案、串案，其原因就在于司法活动不公开，司法权沦为少数人的权力。事实上，司法腐败比政治腐败更严重。作为维护社会公平正义的最后一道防线，司法权一旦沦陷，必将直接侵害公民的合法权益，并使公众的救济途径轮空，因此必须以公开保证公正。正所谓，阳光是最好的防腐剂。有了公民的参与，司法机关的工作会更加透明，司法活动会越发规范。

2.4.2　防止国家公权力的滥用，保障基本人权

司法的民主性要求司法活动应当充分体现出人民的意志和利益，并应受到人民的有效监督。我国是人民民主专政的社会主义国家，国家的一切权力属于人民，人民是国家的主人，当然有权参与国家事务的管理，包括司法活动。在我国，"人民当家做主"固然主要依靠人民代表大会制度来实现，同时也要通过公民和社会组织的直接参与政治和法治来体现，因为公民和作为公民共同体的社会组织的本质就是有资格参与政治、参与法治的主体。[①] 司法权作为治理国家的权力之一，由人民授权产生，应对人民负责，受人民监督。

罗尔斯很肯定地认为，"参与原则的主要优点是要确保政府尊重被统治者的权利和福利"。民众的参与使得民众直接行使了部分司法权，体现了司法主权在民，同时又是对司法机关和司法工作人员的一种制约和监督。就如耶林曾指出的："法与正义在一国中兴之际，光凭法官在法庭时刻等候审案、警察派出巡逻还不够，每个人都相应地尽其所能加以协助是必要的。当肆意妄为和无法无天的九头蛇夕多拉神抬头时，每个人都有踏上一只脚的命令和义务，受法庇护的人都应当尽其所能为保护法的威力和威信做出贡

① 鲁道夫·冯·耶林. 为权利而斗争. 胡宝海，译. 北京：中国法制出版社，2004：60.

献。"[1]所以，民众参与司法不仅是公民的权利也是公民的义务，通过这种参与来捍卫人权，防止权力的滥用是每个公民神圣的职责。"虽然不是自己的权益，却能像自己的事情一样为被压制的权利而竭心尽力的人，正是这种理性的法感受，正是这种理性主义，才的的确确是高风亮节者所拥有的特权"。如果每位公民都能充满社会责任感和正义感的随时准备着参与到刑事司法中去，就能使得刑事审判永远暴露在阳光之下，使得侵犯人权和权力滥用没有滋生的温床。

2.4.3 去除司法行政化的弊端，保障独立审判

司法体制趋向官僚化是许多国家的通病，这点在我国尤为突出。法院的法官和一般行政机关的官员一样为了职务的晋升苦苦奋斗。四级法院制度，虽从宪法上看是监督关系，但实际上显然存在着上下级领导关系，形成了以最高人民法院为顶点的金字塔形法院系统。本来应该是相互平等关系的法官们便形成了上下级关系的总行结构，从而难免侵害到审判制度中不可或缺的法官独立。这些年来被许多学者呼吁的法官职业终身制，扭曲的在中国实践着。这些便使得法官们缺乏培育丰富的社会性和人性的机会，易产生缺乏市民性的法官。再没有民众参与司法的机会，更使得法官容易远离甚至背离社会。司法审判是保障和实现民众的权利，表明什么是正义的裁判过程。该决定过程被一小撮法官独占，民众完全在外，这在现代民主法治社会的司法方式中是极不正常的。刑事司法要想符合普通民众的一般判断力，实现其保障人权、惩罚犯罪之功能，就应该构建民众有机会直接参加的审判制度。

① 鲁道夫·冯·耶林.为权利而斗争.胡宝海，译.北京：中国法制出版社，2004：60.

第3章　公民参与司法的比较研究
——以陪、参审为例

3.1　公民参与司法在两大法系的发展

3.1.1　英美法系的公民参与司法

现代陪审制发端于英美法系，是最典型的一种民众直接参与司法的形式。但是，近年来，陪审制在英国和美国都受到不少的批评，适用范围呈萎缩之势。

（一）英国陪审制度

现代意义上的陪审制起源于英国。从19世纪中期开始，基于司法效率等因素的考虑，英国在民事诉讼中适用陪审团越来越少。目前，民事案件已很少由陪审团审判。英国2003年出台了《刑事司法法》对陪审团审判做出重大改革，限制了刑事案件陪审团的适用。这种限制主要体现在两类案件中：其一，如果存在对陪审团进行干扰的现实危险或者已经存在这样的危险，审理可以在没有陪审团的情况下进行；如果由于对陪审团进行干扰而解散了陪审团，则案件可以在没有陪审团的情况下继续审理。对于已经开始审理的、陪审团因被干扰而解散的案件，该案件将在没有陪审团的情况下继续进行审理，除非法官认为考虑到司法的利益[1]而有必要终

---

① 鲁道夫·冯·耶林.为权利而斗争.胡宝海，译.北京：中国法制出版社，2004：62.

止诉讼。在那种情况下,他可以决定重新审判,如果那样决定,他可以选择决定重新审判时没有陪审团参加。其二,控诉方可以申请严重或者复杂的欺诈案件在没有陪审团的参加下申请审理。若法官确认该案件的审理时间或复杂程度可能使审理对于陪审团来说不堪重负,以至于司法的利益要求严肃的权衡该案应当在没有陪审团的情况下进行审理,法官可以决定该案仅仅由法官进行审理。① 对于上述两类案件中陪审团的限制使用,英国《刑事司法法》规定了救济途径,即控辩双方有权针对下列决定向上诉法院提出上诉:法庭关于申请没有陪审团进行审理的决定;法庭关于没有陪审团继续进行审判的决定;②以及由于陪审团受到干扰而决定没有陪审团进行重新审判的决定。此外,当没有陪审团参加而进行审理,或者没有陪审团继续进行审理时,如果被告人被判定有罪,该法要求法庭必须说明其做出有罪判决的理由。③

可见,在英国,陪审团审判受到了一定的限制,①但是这种限制是很有限的。英国学者认为,陪审团审判的质量通常不可避免地构成了判断刑事司法系统整体效能的基础,这也就使得陪审团审判的象征性功能具有无法替代的作用,构成了正当法律程序的基石。②英国学者肖恩多兰很肯定地认为:"尽管陪审制经常被描述为正在经历信任危机,陪审制仍然是审理最严重案件的最佳方式,这点在英国得到坚定的支持。"③

(二)美国陪审制度

在美国,近些年的统计数据表明,陪审团审判在刑事案件中适用的比例在下降。因为被告人作有罪答辩的案件(辩诉交易)比例逐年上升或者被告人对陪审团审判的放弃也降低了陪审团的适

---

① 英国《2003年刑事司法法立法说明》第30条、第31条。

② 英国《2003年刑事司法法立法说明》第32条、第33条。

③ 麦高伟,杰弗里·威尔逊.英国刑事司法程序.姚永吉,等,译.北京:中国法律出版社,2003:103,108.

用。20世纪30年代之前,在美国的司法实践中,对陪审团审判的放弃并不被普遍认可。巴顿诉合众国一案改变了这种情况。在这一由联邦法院审理的刑事案件中,被告人放弃了陪审团的审判,并得到了法院的许可。在巴顿案中,法院阐明了自己支持这种放弃的权利的观点:①宪法中有关陪审团审判的条文主要是为了保护被告人而设置的,因此被告人为了自己的利益放弃这一权利应当是被允许的;②没有陪审团不会影响到法庭的司法管辖权;③公共政策要求陪审团审判的观点是不合理的,因为被告人可以作有罪答辩,同样会使陪审团审判不必发生;④证明普通法规则中不允许放弃陪审团审判的权利的正当性的条件,现在已经不再存在。

被告人作有罪答辩或者放弃陪审团审判究其主要原因,是被告人期望获得较轻的量刑。美国法院通过量刑上的从轻或减轻鼓励被告人做出这样的决定,以提高诉讼效率、节约司法资源。毕竟,陪审团审判是各种审判形式中最耗费时间和资源的,因此只能被限定在少量的案件中,这也是陪审团审判减少的主要原因。

另一值得注意的动向是,美国近期在法官和陪审团分工问题上的争议。但是,有时候定罪和量刑内容是结合的,某些涉及量刑的问题可能对定罪产生本质性的影响。近年来,美国司法实践中出现了法官试图通过对一些实质性问题的裁量,以入侵陪审团定罪的传统领域。于是,围绕着以下问题,美国学者展开了争论:当法律规定,如果被告使用枪支或者以前被判过刑,那普通的刑法对罪行来说是加倍的,这时这些原则将如何被适用呢?法官是否被允许决定被告使用枪支或者有先前的有罪判决,或此类判决必须由陪审团做出?20世纪90年代,联邦最高法院主张像这样的裁决将由法官来做出,这便使得陪审团的权力受到了不小的挤压。

但是,2000年以来,情况又发生了变化,联邦最高法院考虑了一个案件,在该案中一个白人曾经向一个美籍黑人的家中射击而被起诉。这种罪行的最高量刑是10年。

从以上案例中，我们可以看出，虽然随着被告人作有罪答辩和放弃陪审团审判的增加，美国适用陪审团的案件在减少，虽然出现了法官变相侵犯陪审团传统权利的情况，但是对于获得陪审团审判这一宪法性权利，美国联邦最高法院近年来的态度是明确的，即法官不可以入侵陪审团负责的传统领域。

3.1.2 大陆法系的公民参与司法

当陪审制在其发源地英美法系国家呈现回落之势的同时，在法国、德国等大陆法系国家迎来了新的契机且成复兴之势。

（一）法国参审制度

在法国，起初借鉴英国，由小陪审团负责认定案件事实，决定被告是否有罪，有无加重、免责以及减轻情由。而职业法官则根据陪审团的决定适用法律。然而，这种将事实认定与法律适用相分离的做法，在实践中产生了问题，人们认为陪审团做无罪裁决的案件过多，对于某些有罪证据充分的案件也做出了无罪裁决。为解决法官与陪审团之间的冲突，之后的法律又规定，陪审团就事实问题做出评议之后，继续就量刑问题与法官共同议决。此时，法官与陪审团分离的制度被两者合作的制度所取代后法律进一步规定，对于案件事实之决议，也由法官与陪审团共同参与。经过这两次修改，法国的陪审制与英美的陪审制有了实质性的差别，它已发展为大陆法系特有的陪审制度——参审制。

法国参审制主要具有如下 4 个根本特点：

(1)参审员的遴选制度合乎司法民主的根本要求，可保障参审员独立自主地行使裁判权。一方面，参审员的遴选范围具有广泛性。原则上，具有完全民事能力和政治权利的公民都享有担任陪审员的权利，不得以财产、出身、人种、阶层等限制或禁止公民履行陪审职责。这与英美的陪审制及德国的参审制并无太大差别。例如，在英国，已居住 5 年以上且登记合格的正式选民均有担任陪审员的资格;在美国,18 周岁以上、可用英语交流的美国公民可担任联邦法院的陪审员;在德国,25 周岁以上 70 周岁以下、没有智力障碍、未患有影响裁判能力之严重疾病的德国公民可担任参审员;而在法国,年满 23 周岁,可用法语读写,享有政治权利、民事权利和亲权的法国公民可担任参审员。另一方面,遴选程序具有民主性,不受行政力量的干预。不管是参审员总名单的确定,还是审季参审员名单的确定,抑或是正式或候补的参审员名单的确定,都不受行政意志的左右。陪审员意志的独立是法国司法独立的一大根本保障。与法国相比,英美的陪审员遴选程序并无太大区别。但德国的参审员遴选则采用相对特殊的提名制度,由社会团体或政党提名并推荐遴选。在司法实践中,各政治组织所推荐的候选人数量应为实际所需参审员数量的两倍。① 德国公共行政部门将指定一名职业法官、一名行政官员及 10 名值得信任的其他人员组成遴选团队,负责从候选名单中选出正式的参审员。可见,德国的参审员遴选程序更具政治色彩,容易受到政治力量的操控。①

(2)严格奉行主权至上的理念,并将这一理念贯彻到刑事诉讼的各个程序环节。比较典型的如法国的重罪上诉制度。依法国传统的理论,陪审制是人民行使主权的一种重要方式。鉴于“人民不会犯错”的政治教条,陪审团所做出的判决理应具有终局效力,不得提起上诉。但在司法实践中,上诉制度又是纠错止纷及保障法律统一适用的必要方式和手段。如何协调这一矛盾,法国学界存在争议。2000 年 6 月 15 日,法国在欧共体法院的压力下对本国的陪审团上诉制度进行了大刀阔斧的改革,引入了“轮转上诉制度”。依据这一制度,当事人可对重罪法院所做出的判决提起上诉,但该上诉由最高法院所指定的另外一个重罪法院负责审理而不专设重罪上诉法院。在上诉程序中,重罪法院的合议庭由 12 名

① 《德国法院组织法》第 36 条、第 40 条。

陪审员（比原重罪法院增设了 3 名陪审员）及 3 名职业法官所组成。被告人、检察官、涉及个人民事利益的民事责任人、涉及个人民事利益的民事当事人以及公共行政机关均有权提起上诉。检察官也可对无罪判决提出上诉。法国学者普遍认为，“上诉审平民裁判”模式是唯一“合乎逻辑”“可有效协调陪审制与上诉制度之间微妙关系”的设置。[①] 一方面，该模式承认“陪审制系人民主权载体”及“人民永远不会犯错”的政治教条，但同时也认为“人民有权更改自己的决定”。因此，上诉制度从某种意义上讲是“人民更改自己决定”的一种制度，并不会否认陪审制的根本价值根基；另一方面，审理上诉案件的重罪法院合议庭由更具代表性的公民（陪审员的数量更多）所组成，而依民主政治运作中的“少数服从多数”原则，审理上诉案件的陪审团当然有权撤销或更改原陪审团所做出的判决。可见，法国立法者上诉制度的改革中严格奉行主权至上的理念，并使两者达到完美的结合和统一。相比而言，英国、美国和德国则采用“上诉审职业法官裁判”的做法。但这一做法陷入一个难以自拔的逻辑怪圈中：一方面，为何引入陪审制→（因为）陪审制系人民主权的载体→（所以）陪审团的裁决系民意体现，不得撤销；另一方面，为何引入陪审上诉制度→（因为）陪审团的判决可能犯错，特别是往往过于宽容→（所以）陪审团的裁决可以撤销。

（3）采用特殊的“问题列表”制度，解决了陪审制和判决理由制度的冲突。通常而言，判决理由制度是程序正义的必然要求，是制约裁判者自由心证的有效机制，是止纷定讼的重要保障，还是保障

---

① 101 Bouzat P. , PINATEL J. , Traité de droit penal et de criminology, Tome 2: procedure pénale par P. BOUZAT, 2è éd. , Paris, Dalloz, 1970; MERLE R. , VITU A. , Traité de droit criminel, Tome2: procédure pénale, 5è éd, Paris, Cujas, 2002. PRADEL J. Droit penal, Tome 10: Procédure pénale, Paris, Cujas, 2001; Stéfani G, Levasseur G et Bouloc B. , Procédure pénale, 17è éd. Paris, Dalloz Précis, 2003; Michèle－LAURE Rassat: Traité de procédure pénale, PUF, 2001; Philippe Conte et Patrick Maistre du Chambon: Procédurepénale, Armand Colin 2002.

公民上诉权的必要前提。但在陪审团审判中，判决理由制度却已俨然成为一道“难以逾越的鸿沟”，两者间存在尖锐的冲突。这一冲突主要集中在如下三个方面：其一，“未受过专业训练”的陪审员与判决理由制度的冲突；其二，集体合议与判决理由制度的冲突；其三，集中的审季庭期与判决理由制度的冲突。面对这一棘手的难题，法国采用了颇具特色的问题列表制度，并影响了西班牙、俄罗斯等各国的陪审制建构。所谓问题列表制度，即指在陪审团审判中，审判长依法律规定将案件进行细化分解，制作一定数量的问题，要求陪审团做出“是”或“否”的回答，以决定被告人行为是否构成犯罪，是否有减刑情节等。双方当事人有权阅读陪审团对问题列表的回答，从而可在一定程度上了解陪审团的事实认定及逻辑过程。因此，问题列表相当于“简明的判决理由书”，可在一定程度上阐明陪审团据以做出裁判的理由。问题列表制度最早可追溯至法国大革命时期。在大革命时期，法国曾试图设立一套“纯理性的程序”，力求实现审判精确化。这使得制宪会议所设计出来的制度具有惊人的严密性。因此，在重罪案件的审判中，法官不是直接询问陪审团是否认为被告人有罪，而是向陪审团提出数个简单的问题以分解之。这些问题在当时称为“关键性问题”。依1791年法律之规定，法官就每个事实向陪审团提出三个问题：（犯罪）事实是否已经确定；被告人是否是（犯罪）事实的实施者；被告人是否故意实施犯罪行为。陪审团必须对这三个问题一一作答。如果陪审团对这三个问题均作肯定回答，则被告人被判定为有罪。相反，如果陪审团对其中的任何一个问题作否定回答，则被告人将被无罪释放。可见，问题列表制度的初衷并非为了阐明判决理由，而是为了使陪审团的思维更为清晰，使审判更为准确。法国问题列表制度的发展具有两面性：一方面，法律取消了对每一罪名的要件事实分解，将原先的三个问题（即犯罪事实是否已经确定，被告人是否是犯罪事实的实施者，被告人是否故意实施犯罪行为）合并为一个问题，即“被告人是否因实施了某一行为而有罪”。因此，主要问题的列表构造呈简单化趋势。相应地，问题列表在说明裁判者事实认定理由方面的功能也大大弱化；另一方面，法律增设了附加问题、专门问题和补充问题，前两者主要涉及被告人的量刑情节，后者则涉及更改起诉罪名。因此，与大革命时期的“关键问题”相比，现行的问题列表制度在说明裁判者法律适用理由方面的功能又略为强化。

(4)奉行诉讼经济的理念，限制参审制的适用范围。在刑事诉讼中“司法真实”和“有限司法资源”之间的冲突和协调是永恒的一个主题。而“如何在有限司法资源的前提下最大限度地实现司法真实”则是该主题最核心的内容。因此，各国大都对陪审制的适用范围进行了一定程度的限制，以将有限的司法资源适用于少数最为重要的刑事案件，目的在于确保这些案件最大限度地实现司法真实。法国亦不例外。在法国，参审团则只负责审理重罪案件。所谓重罪，即指那些情节特别严重、可能判处 10 年以上监禁刑的刑事犯罪，如谋杀、抢劫、强奸等。

(二) 德国参审制度

法国实行陪审制不久，德国也相继效仿。在德国，目前由 2 名陪审员与 1 名或 3 名职业法官组成陪审法庭，陪审员与法官结为一体，合作进行审判，他们在认定事实和适用法律方面有相同的权限。德国被认为是实行参审制度最典型的国家之一，在德国，混合法庭有两种基本的类型：一种是由 3 位职业法官和 2 位非职业法官组成的，审理较严重刑事案件的 5 人法庭，这种法庭通常称“大法庭”，但在审理包括杀人在内的特定的极严重犯罪时称之为“陪审法庭”。较轻的一些严重犯罪由 1 位职业法官和 2 位非职业法官组成的 3 人法庭审理，这种法庭仍然叫做“陪审法庭”。轻微刑事案件由 1 位职业法官独任审理，但是，他审理的案件可就事实与法律被上诉至一个由 1 位职业法官和 2 位非职业法官组成的叫做

“小法庭”的3人法庭。

在学界，由于语言、资料及思维习惯等诸多原因，中国学者往往将德国参审制作为参审制的唯一典型代表加以比较和解读。[①]这其实是一种颇具误导性的研究。事实上，德国参审制既不是唯一的参审制，更不是典型的参审制。德国参审制并非典型的参审制。在笔者看来，不管是参审制还是陪审制，都应合乎民主、自由等共同基本价值，这既是“平民参与”区别于职业法官裁判的根本依据，也是陪审制存在的重要理由。因此，陪审制或参审制的制度设计均应以这一价值目标为指向。但与法国参审制相比，德国参审制无疑与此价值目标偏离得更远。例如，德国的参审员遴选程序适用相当独特的提名推荐制度，不符合“人民主权”的基本价值理念；德国的参审制运作带有极强的职权主义色彩，职业法官在庭审、合议及表决时都发挥着主导作用，难以成为“反司法专权的壁垒”；德国参审制的运作理念也不符合陪审制的一般理念，如上诉制度采用职业法官裁判，有悖“人民主权至上”的基本理念；职业法官撰写书面判决理由，难以反映参审员意志；等等。

（三）其他国家陪审制的引入

陪审制在其他大陆法系国家也成复兴之势，比如俄罗斯、西班牙。西班牙在1995年制定的新的组织法中采用陪审团审理某些案件，如对人生命的犯罪、国家公务员的犯罪、侵犯名誉权、玩忽职守罪、侵犯隐私和住宅罪、侵犯自由罪和危害环境罪。陪审团由9名非专业人员组成，由1名省法院法官领导，其职责在于对事实问题做出宣告。西班牙陪审制度的确立是其最近司法改革的重要内容，也是国内讨论的焦点。

有的国家正在积极讨论或准备引入陪审制，南非即是。南非

① 李昌道，董茂云．陪审制度比较研究．比较法研究，2003(1)．王敏远．中国陪审制度及其完善．法学研究，1999(4)．龙宗智．刑事庭审制度研究．北京：中国政法大学出版社，2001:403.

历史上实行的种族隔离制度让人记忆犹新。近年来，许多学者提出，为了彻底改变原来的法院充满种族歧视的气氛，改变民众对法院实现司法公正的极端失望情绪，必须以陪审制重树民众对司法的信心。

3.2 韩国——国民参与裁判制度

中国的近邻韩国与日本分别于近期启动了各自的公民参与司法的改革活动，而且这种改革趋势还成为了两国近期刑事司法系统或者《刑事诉讼法》修改的重要动因。韩国通过以大法院为核心的司法改革委员会及司法制度改革推进委员会的运营，2008 年 1 月 1 日韩国在历史上第一次引入了“国民参与裁判制度”，这种制度的内容也可以表示为“陪审要素”和“参审要素”相折中、结合的形态。

韩国自 1993 年开始不断进行司法改革，司法改革的原因之一是韩国国民曾对司法持不信任态度，这影响了司法对经济、社会应当发挥的作用。韩国希望通过改革，能够重建国民对司法的信赖，因为国民的信任是司法维护正义价值的重要条件。因此，2008 年 1 月 1 日韩国在历史上第一次引入了“国民参与裁判制度”，被告人可以选择是否利用陪审员审理案件。韩国的陪审制度既不同于英美的陪审制，也不同于德法等国家的参审制，是融合了两种制度内容的新的陪审模式。陪审制的建立有利于实现国民参与司法的目标，并对刑事诉讼产生了深远影响。

《关于国民参与刑事审判的法律》共 7 章 60 条。第一章为总则，第二章为案件范围与管辖，第三章为陪审团，第四章为国民参与审判的程序，第五章为陪审员的保护措施，第六章为研究组织，第七章为罚则。第 1 条明确规定，制定本法的目的是通过国民参与司法程序，提升司法民主的正当性以及提高国民对司法审判的信赖。第 3 条规定，任何人均有依据本法接受陪审的权利，韩国国民具有依据本法参加陪审的权利和义务。目前，陪审制尚处于试验阶段，试验期大约为 5 年。韩国的目标是：在试验阶段，争取每年有 100～200 件陪审案件，通过试行陪审制，为进一步完善该制度做好充分准备。目前，试验阶段的陪审制所存问题不少，但这一制度无疑使国民参与司法进一步向前推进，并开始对韩国《刑事诉讼法》产生重要影响。

3.2.1　国民参与裁判制度出现的背景及原因

受军事威权统治长期困扰，韩国的司法职业化程度不如日本。但在民主化之后，韩国的司法改革进展很快。按照汉城大学法学院前院长韩寅燮教授的说法，韩国首先完成了司法独立，确立了法院相对于行政、军事权力的独立性。其次追求司法为民（Justice for the People），最后进入人民司法（Justice by the People）阶段，也即公众参与司法过程。这一点是 1999 年开始的司法改革的重点。其结果则是 2004 年国会制定《国民参与刑事审判法》草案，2007 年 6 月审议通过，2008 年起正式施行。通过以大法院为核心的司法改革委员会及司法制度改革推进委员会的运营，2008 年 1 月 1 日韩国在历史上第一次引入了“国民参与裁判制度”，

3.2.2　国民参与裁判制度——折中了陪审制和参审制的独特制度

典型的陪审制下陪审员是通过原则上的一致行使事实判断的全部权利，在国民参与裁判制度下，原则上没有法官的参与并进行评议之后达到一致通过的时候那个评议就成为最终评议，反过来如果没有达到一致通过的时候听法官的意见之后重新投票以多数票决来评决。

虽然陪审员与法官一起讨论量刑，可是不能通过参与表决决

定量刑而只能改进关于量刑的意见。然后陪审员的评决和量刑意见不会对法院有效力，只具备劝告性效力。

对于这种制度的内容也可以表示为“陪审要素”和“参审要素”相折中、结合的形态。从最后通过的立法来看，韩国国民参与裁判的规定更多借鉴了英美的陪审团审判制度，但是与典型的英美陪审制存在一定的差异，带有参审制的某些特点。

3.2.3 国民参与裁判程序的进行过程

首先对国民参与裁判制度的案件成立检察院的公诉，将送达公诉副本和关于是否要利用国民参与裁判的意思确认书。在一定期限内被告人要提出意思确认书，而如果确定了要利用国民参与裁判就过渡到公判准备程序。在公判准备程序整理检察官和被告方对案件的争论点，确定证据的采纳等，导出与陪审员选定程序有关的决定而准备陪审员选定程序和公判期日的有效心理。进而法院通过选出陪审员候选人通知选定期日，给检察官和律师送达候选人的名单。下一个程序是利用公判期日的上午时间选定陪审员，在这里经过倾听当事方的质问和答辩最终决定陪审员和陪审员候选人。这种选定期日程序结束的话，剩下的上午时间进行公判程序的所有程序。程序上听陪审员的宣誓，裁判长向陪审员和陪审员候选人说明以后，对被告人告知陈述拒绝权，开始对被告人审问。之后听检察官的公诉事实和被告人对案件的意见，然后整理案件的争论点和证据关系等。这样的程序结束的话，上午的公判结束中午就休庭。下午的公判开始就调查证据，证据调查结束过渡到最终辩论阶段进行检察官的论据、律师和被告人的最终辩论和陈述。完成上述的几个阶段，公判的核心过程终结。之后，裁判长对陪审员进行最终说明(起诉要旨、争论点、证据关系、对于陪审员的评议的参考事项等)，然后过渡到陪审员的评议程序。评议是非公开的，如果评议是一致通过或者以多数表决通过的话，向法官通报评决结果，有罪时法官和陪审员之间进行量刑讨论。陪审员的评决是不管有罪还是无罪不会被法官的意见所约束，有罪评决的时候，裁判长对于处罚范围或者量刑的条件等说明以后，法官和陪审员进行量刑讨论，而陪审员的量刑意见也就具备劝告效力，而韩国陪审制度的特征就体现在这一点上。经过这样的程序法官在参考陪审员的有无罪评决和量刑意见之后宣告判决。①

3.2.4 对象案件的限制

刑法上的杀人罪类型，伤害、暴行、逮捕、监禁、遗弃、强奸等致杀伤罪，人质、强盗、海上强盗杀人及同致杀伤罪成为对象，“关于特定犯罪加重处罚等法律”上的受贿、报复犯罪、贪污、未成年者药物诱因罪和性暴法上的性犯罪的一部分，保健犯罪及环境犯罪的一部分。

韩国陪审员参与的案件限于重罪案件，《关于国民参与刑事审判的法律》第 5 条明确规定了适用陪审制的案件范围。比如，杀人罪、抢劫罪、强奸罪等刑法规定的重大刑事案件可以适用陪审，此外，《特定犯罪加重处罚法》《特定经济犯罪加重处罚法》《性暴力及被害人保护法》等规定的受贿罪、渎职罪、特殊强奸罪等案件也适用陪审。

韩国的陪审制与其他国家一个较大区别在于，是否实行陪审由被告人选择，而不是符合一定条件的案件就必须实行陪审。这在一定程度上尊重了被告人的选择权，但法官可以拒绝实行陪审的规定将侵害被告人的陪审选择权，不利于提升国民对司法的信赖感。为了配合陪审制的实施，韩国最高法院量刑委员会于 2008 年 12 月对杀人罪、贿赂罪、性犯罪、抢劫罪、贪污罪、渎职罪、伪证罪和诬告罪 8 种犯罪规定了量刑标准。“量刑标准”以犯罪类型及

---

① 今井辉幸. 韩国国民参与裁判的现状. 刑事法杂志，2009(15).

法定刑为依据，综合考虑被告人的年龄、心理、智力、环境、损害能否恢复或协商与否、与被害人关系、犯罪动机、手段及犯罪结果、犯罪后表现、有无犯罪记录等加重或减轻量刑因素合理制定。量刑标准能够解决法官、陪审员在适用法定刑时对于同种情况做出差距较大的对待现象。

3.3 日本——人民裁判员制度

人民裁判员制度就是在那些民众关心程度较高、社会影响较大、法定刑较重的重大案件中，实行以随即方式抽选一般国民担任人民裁判员，由人民裁判员与职业法官组成合议庭，共同审理案件，一起决定定罪量刑的制度。人民裁判员法的全称是《人民裁判员参与刑事裁判的法律》，于 2001 年至 2004 年酝酿筹措，历时 4 年才颁布。日本政府根据“司法改革审议会”意见书，于 2001 年 11 月制定了《司法制度改革推进法》(2001 年法律第 1-19 号)，之后立即在内阁中设置了“司法制度改革推进本部”，并在推进本部事务局中设立了“人民裁判员制度”研究会，开始了建立人民裁判员制度和充实、提高刑事审判效率的法律起草工作。日本国会于 2004 年通过了司法改革审议会专门的法案，建立了日本式的陪审制度——“人民裁判员”制度，2009 年 5 月 21 日，准备 5 年之久的日本民众参与司法审判的新制度——“人民裁判员”制度——正式实施，它是大陆法系参审制和英美法系陪审制的混合。[①] 日本人民裁判员制度建立的目的在于巩固司法的国民基础，通过国民参与司法过程，分担法官责任，使国民主体性、实质性地参与到刑事审判当中，以获得国民对司法的理解与认可，使民众更加信任司法

① 田口守一. 日本的陪审制度——“人民裁判员”制度. 丁相顺，译. 法律适用，2005(229).

活动。日本司法制度改革审议会自在 1999 年提出《日本司法制度改革意见书》中创设人民裁判员制度起，就对人民裁判员制度倍加推崇，但是日本国民普遍对此并不认同，认为大多数群众并不能胜任人民裁判员，这种观点与日本历来的职业法官传统有关。从人民裁判员制度设立的背景及其内容来看，笔者认为，该制度虽然有不完善之处，但是其设立并逐步完善仍然是日本《刑事诉讼法》的新动向，代表着新的国民参与型司法制度的发展完善或是职权式司法制度的不断弱化。

3.3.1　人民裁判员制度出现的背景及原因

日本是亚洲现代化之先锋，似乎也是最早尝试司法公众参与的。早在 1923 年，日本就制定了适用于刑事诉讼的《陪审法》，并于 1928 年实施。不过，这项制度运转不畅，每年采用这种办法审理的案件从上百件到几件，实施过程中大多数市民对参加刑事陪审采取消极的态度，而且市民普遍缺乏裁判经验，往往凭感情和先入为主的观念进行审理，导致了一些明显的错案。再加之 20 世纪 40 年代以后，陪审制度本身的一些问题凸现，日本因发动侵略战争而使国内局势恶化，使得英美式的陪审制度不得不于 1943 年宣告终止。

此后，日本的司法审判完全由裁判官也即职业法官承担。应当说，自引入西方法律、法学体系后，日本的司法职业化传统，就未曾中断。战后日本宪法保障司法独立，并赋予普通法院以违宪审查的权力，让司法职业化的传统更为牢固。职业法官均接受过严格的法律训练，人数少，地位高，通常能够谨守司法伦理，公正审理。日本的司法大体上是公道的。

但日本人并不满意。职业法官从通过司法考试的人中择优任命，且终身任职，为保持独立，他们也自觉与社会隔绝。凡此种种让他们的价值观念未必与社会主流合拍，他们未必能体察民众疾苦。法官的有些判决会偏离公众常识，而这可能损害司法权威。

具有人权意识的人士对日本司法最大的不满则是其"精密司法"传统。这一传统的直观后果是，刑事案件嫌疑人的有罪率接近百分之百。只要检察官起诉，法官基本上都会判有罪。人们可以辩解说，出现这种结果的原因是检察官的起诉决策十分审慎，但是，过高的有罪率仍然让人怀疑法官是否尽到了保障嫌疑人人权的责任。

因此，日本第三次司法改革将司法民主作为其指导理念之一。四宫启教授，主要从民主的角度论证公民参与司法的必要性。国会上下经过辩论，2004 年，日本国会通过《关于人民裁判员参加刑事审判的法律》，在刑事诉讼中引入了参审制。2009 年 5 月 21 日，准备五年之久的日本民众参与司法审判的新制度——"人民裁判员"制度——正式实施，人民裁判员制度是日本在司法改革的大背景下建立起来的一种新型司法方式，此次改革，并不是从三权分立的结构中通过强化立法权和行政权来加强对司法权的制衡，而是从加强民众参与的角度来加强对司法权的制衡。

3.3.2 人民裁判员制度——参审制和陪审制的混合

日本人民裁判员制度的特征可简单地概括为四个方面：其一，审理的案件范围限于重大刑事案件。有人民裁判员参加审理的案件限于如下重大刑事案件：可能判处死刑、无期惩役、无期禁锢的犯罪案件，以及依据《裁判所法》第 26 条第 2 款第 2 项规定因故意犯罪行为致被害人死亡的案件。其二，人民裁判员根据选举人名簿随机抽样产生，合议庭的构成有"原则型"和"例外型"两种方式。所谓"原则型"是指符合人民裁判员参加审理的案件，原则上由法官 3 人及人民裁判员 6 人组成合议庭；所谓"例外型"是指由法官 1 人、人民裁判员 4 人组成合议庭。当然，采用"例外型"必须满足一定的要件。其三，人民裁判员无任期。人民裁判员没有固定的任期，每一起具体的案件产生不同的人民裁判员。其四，人民裁判员享有与法官同等的对被告人定罪、量刑的权力。当进行评议时，在采用“多数决”基本原则的同时，特别规定了仅是法官或人民裁判员的多数不能做出决定，即必须是包含一名以上法官和一名以上人民裁判员的过半数持赞成意见才行，此谓之“被修正的单纯多数决制”。

考虑到普遍的反对陪审制的意见，日本立法者妥协地采用一种公民参与司法的新制度，即公民和职业法官共同参与的人民裁判员制度，在《司法制度改革审议会意见书》中提出了建立国民与法官共同承担事实认定和法律适用的参审制方案。该制度在建构了参审制（人民裁判员职权）框架的同时，在人民裁判员的选任方式等方面，还带有明显的英美陪审制的色彩。在人民裁判员的选任方法上，检察官以及被告人可以不经开示理由各自对 4 名人民裁判员候选人向法院提出不选任申请，这也是直接借鉴英美陪审制度建立起来的。此外，人民裁判员实行案件担当制，人民裁判员的任务随着案件审理结束而终止，而没有采取参审制度中的任期制度，也具有英美陪审制度的特征。更为重要的是，日本人民裁判员制度完全排除法律执业人员或者具有法律职业背景的人员参加，这也完全区别于大陆法系国家的参审制度。

3.3.3　人民裁判员参与裁判的程序

预选程序在《关于人民裁判员参加刑事审判的法律》第 20～25 条，审判程序和评议程序在《关于人民裁判员参加刑事审判的法律》第 3～4 章。

（一）日本人民裁判员的预选程序

人民裁判员将从当地司法管辖区的选民册中随机挑选。陪审员的最低年龄须满 20 岁，并须完成义务阶段（初中）教育。政治人士以及法律职业人士不可担任陪审员。候选陪审员经他们提交的问卷信息遴选产生，并须通过控辩双方的有限预先审查程序(Limited Voir Dire Vet-ting，“一切照实陈述的审查”)。人民裁判员的产生要经过以下程序：

(1)名额的确定和分配：地方法院根据最高法院规则的规定，依据适用案件的处理情况及其他情况确定候选人民裁判员的人数之后，必须在每年 9 月 1 日以前将下一年度所需候选人民裁判员的人数分配给其管辖区的市町村。

(2)选举候选人、制作候选人民裁判员名册：市町村的选举管理委员会对于候选人，必须根据选举人名册中记载的被选举人员的姓名、住址和出生年月日，制作候选人民裁判员名册，并在收到通知的当年 10 月 15 日以前，将候选人民裁判员名册送达给发出该通知的地方法院。

(3)制作人民裁判员名册：地方法院在收到候选人民裁判员名册后，必须以该名册为准，依照最高法院规则的规定制作记录人民裁判员的姓名、住址和出生年月日的名册。

(4)除名：地方法院得知候选人民裁判员死亡的，认为其不符合第 13 条规定条件的，认为属于不能成为第 14 条规定的候选人民裁判员的，或者是认为属于第 15 条第 1 款规定情形的，根据最高法院规则的规定，必须从候选人民裁判员名册中除名。市町村的选举管理委员会，得知被选定的候选人民裁判员死亡或者没有众议员选举时，必须把上述情况通知给送达候选陪审员名册的地方法院。但是，送达该候选陪审员名册跨年度的，不在此限。[①]

(5)补选：地方法院认为该年度需要补充候选人民裁判员时，在通知的次年，必须根据最高法院工作的规定，并通知市町村的选举管理委员会。

(6)通知候选人民裁判员：地方法院根据制成候选人民裁判员

① 胡铭.刑事司法的国民基础研究.杭州：浙江大学出版社，2008：132.

名册后，必须将该情况通知给该候选人民裁判员名册中记载的人员。

(二)人民裁判员的审判程序

日本《关于人民裁判员参加刑事审判的法律》第3,4章的相关条款对人民裁判员参加的审判程序和评议程序做了详细的规定。

(1)开庭前的准备：庭审前的整理程序，此程序是日本《刑事诉讼法》修改后创设的一个程序，日本《刑事诉讼法》新增的第316条对此做了规定。日本《关于人民裁判员参加刑事审判的法律》第49条也规定："法院对于合议案件在第一次庭审之前，必须进行庭审前的整理程序"。[①]

(2)庭审：整个审判过程都要考虑减轻人民裁判员的负担，为了便于人民裁判员和替补人民裁判员理解案件的争点和证据，日本法律对检察官、被告人和辩护人在运用证据之前的开头陈述义务做了规定，具体地表述事实与证据的关系。在庭审程序中，人民裁判员有权参与询问证人、询问被害人、询问被告人等活动。

开庭以后新的人民裁判员参加合议庭的，必须更新审判程序。

(3)评议：人民裁判员、法官一道就案件事实的认定、法律的适用和量刑进行评议。对法律的解释、对诉讼程序的解释等，则由法官进行评议，但可以准许人民裁判员旁听，并听取他们的意见。替补人民裁判员也可以旁听，并可以听取他的意见。在进行评议的时候人民裁判员参与评议时，必须发表意见。

裁判根据合议庭半数以上人员的意见做出。对定罪的问题，根据《日本法院法》第77条的规定，在意见分歧的情况下，要把最不利于被告人之意见的票数顺次加入不利被告人之意见的票数中。对量刑存在分歧，不能达成过半数意见时，根据日本《关于人民裁判员参加刑事审判的法律》第67条的规定，要把对被告人最

① 胡铭.刑事司法民主论.北京：中国人民公安大学出版社，2007：200.

不利的意见票数按顺序分别加在有利于被告人的票数中。

(4)判决:依法做出对被告人宣告刑罚的判决、免除刑罚的判决、宣告被告人无罪的判决、宣告将被告人移送家庭法院的决定时,人民裁判员必须出庭。事先应当将庭审时间通知人民裁判员。

陪审团只审理一小部分刑事案件。2004 年,日本各检察院共处理 2 183 811 起案件。其中 34.5%由简易法庭受理,其做出的处罚仅限于小额罚款和短期监禁,10.9%由家庭法院受理;44.7%会被暂缓起诉;2.9%的案件因多种原因而不被起诉。最终被提起公诉的嫌疑人约为 148 939 人,占全部案件的 6.8% ,其中只有 2.2% ,也就是 3 308 宗案件会由陪审团审理。可见,绝大多数的刑事案件依然由职业法律人专门审理。这与美国相似,仅有 2%的重罪案件由陪审团审理。非职业人士参与审判,要求更快的审理速度和更为便捷的法庭程序,因此,日本的审前和庭审程序均已做出相应的改革。原先严重刑事案件经常要拖延数月。2005 年,被告有自白者,初审法院用 2 个月时间平均审理 2.4 件案件。在有争议的案件中,9 个月的审期平均审理了 7.3 起案件。为了提高诉讼效率并建立一个与非职业陪审员相适应的制度,日本于 2005 年引入新的审前程序。在案件审判前,检方、辩护方须与案件的主审法官协商确定,案件的哪些争议点须由陪审团裁定。庭审焦点也从书面材料转移到口头论辩和证人当庭作证之上。目前的情况是,检方搜集证据、询问证人、获取嫌疑人口供、记录嫌疑人的悔过情形(可能有也可能无),并将其认定的结果制成卷宗,以作为法官定罪与量刑的依据。为确保审判程序能被陪审员认知,人民裁判员审判在以下几个方面发生了变化:控辩双方均以口头而非卷宗的方式展示证据;证人和被告人公开接受交叉询问;检察官和辩护律师均注重培养自己的公共演说技巧;法庭装有大屏幕和其他设备,以使陪审员更好地熟悉证据展示。不变的是,控方仍制作卷宗(用来确定是否提起公诉),有法官还提出要使陪审员能获得简明版卷宗。庭审结束阶段，由法官和陪审员组成的合议庭会离庭评议案件。《人民裁判员法》对评议程序基本未做规定。这一问题当时留给了最高法院的研究员们，由他们解决。研究员们虽然无法就该问题的每个细节达成共识，但会记录表明，他们已就主要问题得出了结论。研究员们认为陪审团评议应该不受外在干涉，自由地讨论庭审与案件，法官在陪审团完成评议后，可对有争议的问题进行澄清，并审核证据、解释法律。但要重点防止法官将其对案件的理解强加于陪审员，法官只能在陪审员陈述他们的意见之后才可发表观点。法官和陪审员未达成一致意见的，如法官认为陪审员的解释有效，则应当遵从陪审员的意见。法官只能发表个人观点，不可主动规劝陪审员听从其意见，特别是在案件刚开始评议时更是如此。法官如在争议问题上无法折中的，可着力阐述个人观点。法官已开始在模拟法庭中展开训练，但他们在真实庭审中的表现究竟如何仍未可知。最高法院对于法官主导审判权问题异常敏感。如果被告人被认定有罪，最高法院的研究员们会一致同意向陪审员展示类似案件中其他被告人的获刑情况。在评议的最后，其中一名主审法官须制作一份具体文件，罗列以下内容：哪些事实经查明属实，如何适用法律，以及影响判决的因素有哪些。与大陆法系各国的普遍做法一样，无罪裁决和有罪裁决的结果均可被上诉。

3.3.4　适用的案件范围

根据《陪审法》第2条和第3条的相关规定，这类案件有以下两个标准：最高刑是监禁大于3年及最低刑是监禁不低于1年。在死刑或终身监禁案件中，法律规定由陪审团审判，除非被告人放弃其权利。在其他所有有资格的案件中，法律规定陪审团只审判被告人明确要求由陪审团审判的案件。此外，法律也明确规定了许多特殊的案件不适用陪审团进行审判，这些案件包括：关于对皇室的犯罪、内乱、外患、国交罪以及骚扰罪、与军事机密相关的犯罪、违反选举的事件、违反治安维持法的事件。

3.4 小 结

陪审团审判制度在英美法系呈现出一种衰退的趋势，陪审团审判的范围在缩小。这表明陪审团审判并非完美无缺的程序，陪审团的适用占用较多的司法资源，程序复杂性提高，定罪率会相应降低。特别在当前刑事案件发案率居高不下，各国民众都普遍希望强化打击犯罪，加强对被害人的保障，适当压缩陪审团审判的范围，提升审判效率，是现实合理的要求。但这并不意味着陪审制已过时，毕竟在英美法系陪审团并没有废止，相反，体现对抗制诉讼模式下的程序正义的重任主要还是通过重罪案件的陪审团审判来实现，不论是辩诉交易还是简易程序，哪怕适用范围再大，也不可能成为程序正义的核心载体。

大陆法系国家传统上相对于英美法系国家带有更多的专制主义色彩，其司法传统一向重视司法的职业化，忽视民众的参与，长期形成了司法与民众的脱节，这已严重影响了司法的威信和权威，于是，人们转向陪审制。实际上，由于陪审团审判所具有的体现民主和保障自由的功能，在任何时候只要对民主和自由的需求压倒了对其他价值的追求，陪审团审判就将成为人们首选的制度。

这的确是历史的轮回，英美法系对陪审制的过度推崇导致了今天的限制；大陆法系长期的忽视又引起今天的新兴，这体现了法系和诉讼模式融合的趋势。

韩日的公众参与制度有某些共通之处。最显著的一点是，它们都不同于美国的陪审团制度，而同于欧洲大陆实行的参审制度，此可谓大众参与司法的“东亚模式”。比如，在日本采用人民裁判员的审理，原则上由 6 名人民裁判员及 3 名裁判官组成合议庭进行。人民裁判员参加审理过程，并与裁判官共同进行调查取证，判断被告有罪或无罪以及有罪时的具体量刑，只有与法律解释及诉讼手续相关的判断等需要专业法律知识的事项由裁判官负责。人民裁判员也可对证人及被告人进行询问。有罪裁决必须获得合议庭半数以上成员的赞成，其中，必须分别有1名人民裁判员及1名裁判官表示赞成。韩国的情形稍微特别。被告是否有罪，是在法官不在场的情形下，仅由全部陪审员进行评议。这有点类似于英美陪审团制，陪审员进行事实审。但其他规定又与陪审团制度不同，比如，在案件审理过程中，陪审员具有询问权和笔记权。同时，如果陪审员一致认为有罪，也在此基础上进行量刑的评议，即进行法律审。就此而言，它仍然接近于参审制。还有一个共同特点：法官最终裁决，没有全部接受参审者意见的法定义务。比如，韩国法律规定，陪审员的有罪、无罪及量刑的意见对法院没有当然的法律约束力，法官宣告判决时，可以做出与陪审员意见相左的判决。① 两国间较大的差异体现在参审者遴选程序上。日韩两国基本上模仿美国，从选民中抽签确定人民裁判员、陪审员。在日本，市、镇、村接到法院分配的人民裁判员名额后，会从选民名册上的众议院议员选民中，以“抽签”方式选出候补人民裁判员预定人选，寄往地方法院。地方法院据此做出《候补人民裁判员名册》。如果产生了需要人民裁判员参与的案件，地方法院会再次通过“抽签”方式从《候补人民裁判员名册》中选出应传唤的候补人民裁判员。

① 樊崇义.日韩司法制度改革概述.中国司法，2008(6).

第4章　当前我国公民参与司法的现状及问题

4.1　目前我国公民参与司法的现状

陪审制度作为一种司法制度，世界各国并非都是一个模式，更不是永恒不变的。它因不同国家、不同社会制度，不同法律文化传统而有所区别。当前陪审制度主要有下面两种形式：一是英美法系国家的陪审团制；二是大陆法系国家的参审制。从严格意义上来讲，我国的人民陪审员制度属于大陆法系的参审制度，人民陪审员制度是指国家审判机关审判案件时吸收非职业法官作为陪审员，与职业法官或职业审判员一起审判案件的一种司法制度，虽用“陪审”但更接近于大陆法系的参审制。目前，人民陪审员制度是我国当前公民参与司法的主要途径。

司法改革也不乏在一些省市法院正在试点的“中国特色陪审团制度”，为了解“中国特色陪审团制度”的运行现状，笔者在前期S省高院调研的基础上，2011年6月中旬赴L县人民法院开展进一步的调研活动。此次调研的主要目标是为了了解《L县人民法院中国特色人民陪审团制度》（以下简称《制度》）及其在实践中运行情况、存在的问题及原因等，以期整体把握该项创举，为公民参与司法课题提供实践素材和理论研究的视角。调研过程主要运用了访谈法和查阅卷宗的方式。访谈以集体座谈方式进行，访谈的对象为L县法院主管刑事审判的王副院长和院内其他法官。查阅的卷宗包括了近两年L县法院有人民陪审团参加审理的一些案卷材料。L 县法院从 2009 年就已经开始这项制度的探索，运行至今已有 3 年，并于 2010 年人大会上通过并下发了《L 县人民法院中国特色人民陪审团制度》，其对适用案件范围、陪审团成员的选任及权利义务、运作程序及其他配套制度规定等一应俱全，成文的制度更加规范了人民陪审团在实践中的运作，也使当地司法工作人员对此项改革理解得更为全面和透彻。“中国特色陪审团”在 L 县的运作流程如下：

开庭前：按照《制度》规定，首先依法组成合议庭并将成员名单于开庭 10 日前通知双方当事人，并告知申请回避权。由合议庭在组成后三日内决定在陪审团成员名单中随机抽取，组成本起案件陪审团。在组成陪审团时应保证原被告双方住所地的陪审团成员数量相当，这样当事人心理上会感觉比较公正。若当事人一方或者双方住所不在管辖法院辖区的，应由审判长决定在该法院辖区内按照方便当事人和诉讼经济原则确定陪审团成员。当合议庭对陪审团的组成难以形成决议时，由审判长做出最终决定。若案件为专业性较强的纠纷时，陪审团成员中应至少有一名该行业方面的成员，但无论在何种情况下，行业方面的陪审团成员人数不得超过三人。陪审团组成后，应在开庭三日前将名单通知各方当事人，并告知申请回避权，予以公告。关于陪审团成员的回避同法官回避的各项规定。以上内容则充分证明了人民陪审团是被视作审判人员来对待的。实践中，在确定了人民陪审团成员之后，合议庭应当及时告知各成员案件开庭的时间、地点，通报案件的相关情况。对城区成员采用电话告知方式，农村由村支书通知到人。庭前没有相关的准备会，开庭前不介绍任何案情，只在庭审的过程了解案情。这样的做法倒是与英美法系的做法相契合，避免了先入为主的干扰。法院对前来的各位陪审团成员的身份大都比较熟悉，因此一般不用进行核实。按照《制度》规定，人民法院陪审团成员享有的主要权利有：在评审会议上评审案件时，对参与审判的案件的事实认定、审理结果和法律适用等独立发表意见，不受任何人不当干涉；当出现各成员重大意见分歧，难以形成决议时，提出将该案件提交审委会讨论的建议；接受人民法院的委托和指导，对民事纠纷进行诉前调解。从目前实际运作情况看，陪审团成员之间以及与法官之间还未出现过重大意见分歧，原因在于法官与陪审团成员对基本事实、是非观念认识一致，法院方面也没有刻意为了追求服判效果而事先选择与自己意见一致的陪审员或者控制陪审团的决议。对此现象课题组开始比较惊奇，后来找到了唯一解释的理由：当地属于农业大县，经济落后，案件大多比较简单，是非较清楚，而且当地民风较朴实，此现象也就不足为怪了。该《制度》对义务也规定了6条。对以上陪审团成员享有的权利、义务在开庭前审判长会口头告知陪审团成员。这里有一点也许要注意，尽管陪审团成员被视为审判人员，但在开庭前他们会被要求不得在庭上直接询问当事人，如果有问题，可以通过向审判长递纸条的方式来代替，并且绝对禁止与被告人有任何接触。这是作为陪审团的义务被提前加以告知的。

审理时：按照《制度》规定，开庭审理时陪审团坐席位于审判席位与旁听席位之间右方位置，设置专区。在开庭审理过程中，陪审团成员均应全程参与，须持与合议庭同样谨慎勤勉的态度，负责对案件事实的查证和认定认真听取各方当事人辩论意见和最后陈述，以便形成内心确认。陪审团成员如有需要发问或其他事项，须举手示意，并经审判长许可。实践中，因为法庭较小陪审团成员人数多，所以没有按照《制度》规定的位置就座。正如前文所述，陪审团成员如有问题，可以把内容写到纸条上，举手示意交给法警，再转给审判长。对于为何采取这样的举措，法院方面解释为这样不会扰乱法庭审判秩序。此外，在一些附带民事诉讼中，人民陪审团的作用则体现得更加积极。他们会直接参与案件的调解工作。

庭审后：陪审团应与庭审结束半小时内召开闭门会议，由陪审团团长负责并主持，合议庭成员也参加但只听不发表任何意见。这主要是基于防止泄漏案情或将当事人的意见掺杂进来等因素的考虑。这类似于英美法系陪审团评议时被隔离排除外界干扰。案件评议时，每位成员都有权发表意见并不得弃权，也不得没有理由的同意或不同意。评议实行少数服从多数原则，每人一票且权利平等。评审会议制作笔录，每位成员都应签名。形成决议后，团长应当将案件评审会议笔录亲自交给审判长，遇特殊情形应委托他人转交。合议庭依法评议案件时，应当以陪审团案件评审会议笔录和决议为重要参考。据我们了解，实践中没有出现过陪审团决议和合议庭决议相左的情况。调阅的所有陪审团参加审理的判决书在事实认定和理由阐述之间都写明了陪审团的处理意见。按照《制度》规定，陪审团团长应列席合议庭，但实践中从来没有出现列席的场景。法院方面对此还是有所顾忌的，毕竟列席与否可能会存在与我国现行诉讼法相违背的窘况。按照当地法官的说法，陪审团的运行对于减少涉诉上访、案结事了起到了很好的效果，达到了法律效果和社会效果的统一。①

除了人民陪审员和“中国特色陪审团制度”外，人民监督员制度也是我国公民参与司法的主要形式。人民检察院在推进司法改革，强化外部力量对自身监督的探索中，通过试点逐步建立一种新型的公民参与司法的方式——人民监督员制度，旨在吸收普通公民参与对人民检察院履行法定职责的监督。这项制度虽已试点多年，但至今尚未成为正式的法律制度。据了解，检察机关正在积极推进将这项制度立法化、制度化。可以预料这还需要一定的过程。

此外，我国公民参与司法的形式还有：见证人制度，现场勘查中的见证人，是指与案件无关而被侦查人员邀请在场观察并监督

① 陈敏．SL 省法院公民参与司法——以 L 县法院调研为视角//公民参与司法研究．北京：中国法制出版社，2011：83.

现场勘查活动的全过程，并在必要时为此作证的人。法律创设见证人这项有关证据取得的制度，其立法初衷在于借此实现对勘查活动的合法性监督与程序性证明，从而提升国家追诉犯罪活动过程及结果的公信力和严肃性，兼具准确惩治犯罪和充分保障人权的双重价值；未决羁押场所缺乏有效的监督机制，以“躲猫猫事件”为契机，《看守所条例》迎来变革，但仍未能脱离“侦羁合一”的体制现状；此外，还有私人调查制度、证人作证、社区矫正制度等公民参与司法的形式，后文将详细论述。

从正式法律制度上观察，我们公民参与司法的制度还不太成熟、发达。正因为如此，理论界和实务界都在积极呼吁或探索，完善公民参与司法的方式。

4.1.1　我国公民参与司法的法律依据

我国历史上最早有公民参与司法的法律文献应该是清末的《大清刑事民事诉讼法》。该法规定：“凡陪审员有助公堂秉公行法，于刑事使无屈拟，于民事使审判公直之责任。”然而由于当时的社会现实，陪审制度并未得到真正实施。国民党政府曾经规定，凡政治案件需陪审，但又很快废除了这一规定。中国共产党在革命根据地时代就曾规定了人民陪审制度，沿袭的是苏联模式。1932年中华苏维埃共和国中央执行委员会颁布的《裁判部暂行组织及裁判条例》具体规定了陪审制度。新中国成立之后，人民陪审制度作为一项基本的司法审判制度最早在宪法性文件《中国人民政治协商会议共同纲领》中做了规定，即人民法院审判案件依照法律第七十五条规定实行人民陪审员制度。同年颁布的《中华人民共和国人民法院组织法》明确规定：“人民法院审判第一审案件，实行人民陪审员制度，但是简单的民事案件、轻微的刑事案件和法律另有规定的案件除外。”1963年2月11日，最高人民法院曾经发布了《关于结合基层普选选举人民陪审员的通知》，其中要求在基层人民法院实行人民陪审员制度，人民陪审员的任期一般为两年，而在中级和高级人民法院则采取临时邀请人民陪审员的办法。至此，人民陪审制度在我国基本建立。在“文化大革命”期间，人民陪审员制度的命运和整个司法制度的命运一样惨遭不幸，基本上被废除。自党的十一届三中全会以后，我国民主和法制建设开始重建，人民陪审员制度也开始恢复。1979 年通过并于 1993 年修改的《人民法院组织法》以及我国的《中华人民共和国刑事诉讼法》都确认了人民陪审员制度，并对人民陪审员在参加刑事审判的审判中的地位、权力等作了明确规定。

我国现行宪法第 2 条明确规定：中华人民共和国的一切权力属于人民。人民行使国家权力的机关是全国人民代表大会和地方各级人民代表大会。人民依照法律规定，通过各种途径和形式，管理国家事务，管理经济和文化事业，管理社会事务。这是公民享有司法参与权在国家根本大法上的依据，有关司法活动的其他法律规范的制定必须以宪法的规定为指导。在国家的基本法律中，我国现行的《中华人民共和国民事诉讼法》《中华人民共和国刑事诉讼法》《中华人民共和国行政诉讼法》均较为全面细致地对公民如何参与司法活动作出了规定。除此之外，全国人大常委会通过并发布的《关于完善人民陪审员制度的决定》，以及最高人民法院、最高人民检察院颁行的许多相关司法解释，诸如：《最高人民法院关于民事诉讼证据的若干规定》《最高人民法院关于人民法院民事调解工作若干问题的规定》《关于人民检察院直接受理侦查案件实行人民监督员制度的规定(试行)》等，也为公民行使司法参与权提供了可依据的规范，这些法律规范正是宪法规定的具体化。《中华人民共和国刑事诉讼法》第六条明确规定，人民法院、人民检察院和公安机关进行刑事诉讼，必须依靠群众，必须以事实为依据，以法律为准绳。这也正是公民参与司法的基本原则和法律依据。

4.1.2 公民参与司法的能力和意愿

公民参与司法应有其特定的含义，此处指广义上的公民参与司法，范围前文已作论述。为了本书的写作，笔者曾赴我国公民参与司法步伐迈得较大的SL省L县法院进行调研，发现SL省L县“陪审团”公民参与司法的能力和意愿情况大致如下：陪审员的选任工作是由市县人大法工委负责的。如果案件需要以陪审方式进行，在开庭前三天，法官会将情况向人大说明，由后者帮忙抽人参加庭审。根据就近原则，抽取的陪审成员一般由案件发生地的人大代表、政协委员或信访局、司法局等单位的工作人员组成，另外，也有少量的个体经营者、村干部等参加。之所以政府机关的成员居多，主要跟制度设立的初衷有关(参见前文论述)。消弭纠纷，维护社会秩序的安定是这些机关的职责所在，确保法院裁决的案件能得到顺利执行，防止当事人缠讼、闹事也是他们工作的重要组成部分，这样看来，让这部分人员参与陪审并未增加其工作负担。而一般民众都有自己的生活安排，有时候即使请他们来参审，他们并一定有时间，加上目前陪审制度尚未完善，对陪审成员的补贴大多都保证不了，多数民众抱着多一事不如少一事的态度消极对待。因此人大更愿意挑选时间能够保证的机关工作人员参与陪审。在座的某位法院同志建议，在挑选陪审成员时，应选择那些有社会公德心、生活阅历相对丰富的人参加，不应把学历作为人员素质的绝对考量因素。对于各位来参加庭审的陪审团成员，法院除了能解决他们的吃饭问题外，没有任何补贴。对于这种状况，某刑庭庭长认为，因为来旁听审判的基本上都是单位领导，他们是来监督法院审判工作的，这是其职责所在，自然就不给补贴了。有人建议，可仿照我国的人民陪审团制度的补贴标准对陪审团成员给予适当补助。人民陪审员制度有专门的经费保障，财政予以拨款。陪审员如果觉得补贴少，可以选择不来参加陪审。有法官反映，陪审团成员有的坚持不下来，等不到庭审结束就离开了。

SL 省 L 县“陪审团”公民参与的情况如下：按照《制度》和《L 县人民法院聘请人大代表为为陪审团组成人员实施办法（试行）》的要求，陪审团成员的选任采取法定程序任命与随机抽取相结合的办法，每个合议庭中，经法定程序选任的陪审员不得少于陪审团组成人员的 60%。担任人民法院陪审团成员需为下列各项之一：①各村民委员会党支部书记（参审员）；②各村民委员会主任（调解员）；③各社区居民委员会党支部书记（参审员）；④各社区居民委员会主任（调解员）；⑤经各村民委员会、居民委员会推荐并经村民代表大会、居民代表大会选举，表决通过的德高望重者；⑥经当地行业组织推荐，在农业、工业、建筑业、交通运输业、商业、旅游业、服务业、教育、医疗、卫生、体育、公益行业和自由职业等各行业内推荐的优秀代表。其他同时应具备的条件以及限制性条件大体与我国人民陪审员制度相一致，但没有学历的要求。因此就文化程度这一点来说，人民陪审团成员的选择范围就要远大于人民陪审员。而且要求执业的律师也不得参与陪审。这是考虑到律师的趋利性，有可能有碍公正裁决。法定程序任命与随机抽取相结合的方式，法定程序任命主要针对陪审团成员为以上①～⑤来源的情形，随机抽取主要针对陪审团成员为以上⑥来源的情形，随机抽取的陪审团成员库正在建设中。规定经法定程序选任的陪审员不得少于陪审团组成人员的 60%，这是基于现实可操作性的考虑。那么实际参与案件审判的陪审团成员来自⑥中的比例占多少，这是根据案件的不同而不同的。林业案件会有林业局的 1～3 名工作人员参加；妇女儿童案件会有妇联代表 1～3 人参加。其他案件陪审团成员的来源会广泛一些。同时院长坦言，他们更愿意找政府部门的人员，因为政府部门、事业单位工作人员来当陪审团成员法院不会考虑报酬问题。而对于无固定收入的成员参加审判活动，法院要参照当地职工上年度平均货币工资水平、实际工作日给予补助费。但有时有些案件必须请当地德高望重的人或熟悉当事人或了解社情民意的人,法院会派车接送。涉及城区的案子城区代表较多,涉及农村的案子农村代表比较多。课题组问及政府部门、事业单位代表占多数是否基于协调工作好做、法院放心这样的原因时,并没有得到正面回答。从以上分析,不论是人民陪审团成员的“选任模式”还是“选材”,是兼具了我国人民陪审员制度与英美陪审团的混合模式。另外,按照《制度》规定,对于各位来参加庭审的陪审团成员,除补助因参加审判活动而发生的合理费用外,对于无固定收入的陪审员,法院还参照当地职工上年度平均货币工资水平按实际工作日给予补助,并列入人民法院业务经费,由中央财政给予保障。中央专项财政每年诉讼补贴费拨款 100 万,地方财政每年每位法官补贴 2 万,L 县法院有 50 余位法官,这两项加起来每年有 200 多万的补贴,因此有足够的经费来保障“中国特色陪审团制度”在 L 县法院的实施。另外,对表现突出、成绩优异的陪审员每年度还给予一定的表彰和物质奖励;对不尽职责、不负责任等主观原因引起的错误裁判,应依法承担民事赔偿责任甚至刑事责任。对错案引起的责任追究,适用与同案法官相同的经济处罚措施。由此可见,写在纸上的权利、义务相对于全国其他法院来看远远走在了前面,也更具操作性和可实施性。实际每年都结合“一村一法官”制度给予奖励,去年由政法委组织奖励了 6 位参审员,共有 150 位参审员,比例达到 4%。无成员受到民事、刑事的责任追究,这是基于其积极性的考虑。①

不难发现,普通群众有可能缺乏参与的持久动力,现在的情况是法院方面还是比较青睐政府部门的人民陪审团成员,而作为公职人员的此类人群过多参与陪审,是不利于陪审团之民意代表性

---

① 陈敏. SL 省法院公民参与司法——以 L 县法院调研为视角//公民参与司法研究. 北京:中国法制出版社,2011:83.

的。从人民陪审员、人民监督员等制度的推行来看，在我国要想推动全民积极地参与司法活动，还是有着不小困难的。但这也不能完全归咎于司法机关，这与我国的社会经济总体发展状况是有着一定关联的。在尊重客观规律的同时，也需要我们进一步发挥主观能动性，从制度层面入手，尽量保证人民陪审的民意广泛性。

4.1.3　网络环境下公民参与司法状况

在网络环境下，公民参与司法是指社会民众借助网络表达自己对司法的意愿、参与司法活动以达到影响或改变某一司法决策的一种行为。这属于我们前面所述的公民直接还是间接参与司法呢？显然这种试图影响或改变某一司法决策的行为不一定能达到预期的效果，司法裁量权还是由法官主宰，但这种行为有时还是或多或少影响着司法裁决。而且互联网在社会生活中越来越发挥着其他媒体无可比拟的作用，中国互联网络信息中心(CNNIC)报告显示，截至 2010 年 6 月底，中国网民规模达到 4.2 亿，突破了 4 亿关口，较 2009 年底增加 3 600 万人；互联网普及率攀升至 31.8%，较 2009 年底提高 2.9 个百分点。网络迅猛发展的势头，对于刑事司法的参与和影响不言而喻。因此，这种行为也纳入我们研究的视角，以期为建设公正高效的司法制度尽一点微薄之力。

从我国公民通过网络参与司法的现状来看，参与意识及参与行动已越来越强烈，但应当将网民参与有序地组织起来，使网民的参与在规范化的境况下进行。同时应该更多地在司法体制内通过网络展示司法行为以达到吸纳民意的目的，加大网民对司法行为形成的参与力度。目前，公民参与司法的意识、行为取向呈复杂状态。从参与方式看，其复杂状况主要表现为：司法机关对网民的公正诉求缺乏有效的回应；自由无序且非理性的网络参与迅速扩张；缺乏制度、程序保障的参与和制度化的参与并存；体制外的参与的博弈能力明显薄弱，参与状况的复杂化导致司法民主化进程中遭遇种种的现实困境。

司法民主化进程中网民参与的困境之一：由于司法机关对网民的诉求缺乏有效的回应平台，使网络公民与司法机关之间的良性互动关系无法形成。无论是网民针对具体司法个案公正裁决的诉求，还是对司法解释立项动议权行使的诉求，司法机关应当给予有效的回应，这样才能建构起网络公民与司法机关的良性互动关系，最终营造一个和谐的司法氛围。就网民对具体司法个案公正裁决的诉求而言，由于司法机关目前还没有建立起完善的网络平台对网民的诉求予以有效回应，因此无法消除网民对具体司法个案裁决公正的质疑。[①] 例如，遭到网民及社会各界一片质疑的“许霆案”和“彭宇案”，主要原因在于广大网民无法通过网络平台直视庭审的具体过程，一旦裁决在事实认定或具体量刑上遭到部分网民的质疑，那么对其他网民必将产生巨大反映，一个普通的民事或刑事案件将由此上升为一个社会公共事件。司法机关针对网民的质疑因为无法通过网络这一有效平台予以回应，因此采取的应对策略只能是要么保持沉默，要么是寻求上级司法机关、党委及政府的支持，最终丧失了司法应有的独立性和权威性，使自身的处境在网民及社会各界的质疑中更加被动，网民与司法机关的良性互动关系无法真正建立。

司法民主化进程中网民参与的困境之二：如果网络话语权沦为网民的宣泄渠道，那原本支持正义的网络话语权就会成为非理性表达的工具。网络新技术的出现，让传播话语权分散到无数匿名的网民手里，由于网络的开放性、驻留性和互动性等特点，网络汇集起的社会力量，从其诞生之日起便呈几何级数的速度发展，如果对日益强大的网络力量缺乏有效的引导和规范，原本支持正义

---

① 中国互联网信息中心. 动态公告. http://www.cnnic.net.cn/dtygg/dtgg/201101/t20110118_20250.html,2012-01-13.

的网络话语权将沦为公众非理性表达的工具。正如美国学者克利福特·斯托尔所言:“网络是历史上存在的最接近真正的无政府主义状态的东西。”在网络赋予中国网民可以无所顾忌地对自己关注的司法个案进行表达和监督的同时,许多网民的积极参与只为获得一种价值观上的心理满足。他们与案件中的当事人素昧平生,案件的最终裁决结果也不会对他们的个人生活产生什么影响。他们只是沉浸于和万千同道一起,追寻案件的“疑点”,揭开案件的“黑幕”,以获取一种替天行道的快感,仿佛自己的价值被肯定,自己的价值观被承认。网络的力量在司法实践中已经得到强有力的验证,但如果这股力量没有理性的驾驭,那么对正常的司法活动的危害将是危险的。网民的激情可以将中国的司法进程推向民主,也可能将它推向狂热与对抗。

司法民主化进程中网民参与的困境之三:网民对司法审判活动广泛而持续的参与,容易造成司法独立自主性的丧失。公民通过互联网参与司法民主化进程,在我国目前有其现实性和必要性,因为从我国当前司法的角度来看,极少数司法人员职业道德缺失,业务素质低下,一些案件的审理不是久拖不决就是判决有误,其效率和公正性常常使公民产生疑虑;有些司法人员法治意识淡薄,人情案、关系案常常不断,实现司法公正常常需要外部因素包括舆论的推动。社会民众借助网络这一平台,往往将某一普通的鲜为人知的个案,通过网络使其上升放大为社会公共事件,通过网络对信息的无限传播,使广大网民广泛而深入地参与到个案的司法进程中去。当前网民之所以热情高涨地参与到司法进程中来,除了在中国网络媒介还是一片较为宽松的公共空间、信息壁垒相对脆弱、政府掌控也相对艰难之外,针对中国的司法现状进行广泛的参与,网民确有其心理市场的需求,人们对人际关系的不信任,对法官的不信任,通过某一个案刚好可以找到一个宣泄的渠道。但法官在审理那些已经上升为社会公共事件的个案中,其对案件事实的认定在当前中国特定的政治语境中已经超出了其拥有的司法技术所掌控的范畴，裁决的结果就不仅仅考虑的是法律效果的问题，更多的是要顾虑裁判对社会稳定是否会产生不利影响。因为对该个案进行关注的主体，也许已经被各级党委、政府的领导关注，这对中国当下的法官承受的政治压力是非常大的，法院的判决肯定会受到极大的影响，由此法院在司法裁判中丧失其独立自主性也就在所难免了。

司法民主化进程中网民参与的困境之四：网民的参与更多的是关注司法裁判的结果，不利于从根本上促进司法公正。当前在我国司法民主化进程中网民的参与更多的是关注实体公正而非程序公正，这样的参与难以对司法裁判的程序公正产生实质性的影响。以沸沸扬扬的“许霆案”为例，随着广州中级人民法院重新判决结果的产生而暂时告一段落，这似乎是网民进行广泛参与的胜利结果。事实上，对许霆以盗窃罪判处 5 年有期徒刑中的量刑是如何形成的问题，才是广大网民应该关注并广泛参与的核心问题，而法院在这一问题的形成程序上却难觅网民参与的影子。我国刑事审判制度中的量刑问题不接受控辩双方的举证、质证和辩论，社会公民也无法对法庭的量刑结论施加积极有效的影响，因为法庭不是在公开的法庭上完成量刑的决断过程，而是在法院办公室、会议室等私密场所单独决断。在许霆案的重新审理过程中，法庭对于量刑问题没有进行充分的调查，而公民关注该案的焦点正是法院在原审中判处许霆无期徒刑这一问题，普遍认为法院的原审判决在量刑上有失偏颇。公民持续关注该案就是希望法院能在重审过程中充分展示法院是如何纠正原审有失偏颇的量刑问题的，由此体现法院对剥夺公民人身自由的慎重性，也体现司法决断过程中充分吸纳民意的民主性，但法院对量刑却是在不公开、不透明的情况下完成的，这充分说明当前我国司法民主化进程中公民参与所关注的问题偏离了司法民主要行进的基本方向。

4.2　目前我国公民参与司法存在的主要问题

4.2.1　立案侦查阶段

侦查阶段的问题主要存在于以下几个方面：

首先，见证人制度通常针对侦查行为，更为准确地说是针对物证提取行为设定，旨在监督侦查取证行为合法性。我国刑事诉讼法及相关司法解释中规定，[①]对于搜查、扣押、勘验、检查、辨认五种侦查行为应当有见证人在场旁观整个侦查行为并在相应的笔录中签字，即将实施的《刑事诉讼法修正案》将扣押行为改为了查封、扣押侦查行为。但实践中见证人制度运行得并不理想，见证人法律地位不明、[②]诉讼作用不清、见证程序空白，比如什么人可以成为见证人，成为见证人要具备什么条件，侦查机关聘请见证人需要遵循什么程序、标准等。而且多数社会公众不愿从事见证工作，甚至在一定程度上，事后补签姓名满足证据使用要求已经成为了一种诉讼常态。

在侦查实践中，见证人制度面临以下几个方面的问题：首先，现场勘查初期邀请见证人存在困难。由于我国立法对于见证人的标准和邀请程序规定不明，导致在司法实践中难以邀请到合适的见证人进行有效的见证和监督。其次，现场勘查实施过程中的见证难。见证人本身存在专业方面的知识缺陷，加之现场证据因环境的变化而丢失或失去本来面貌，见证人几乎无法严格按照法律和现场勘查的要求对现场勘查工作进行有效、全面、仔细的见证，

① 《刑事诉讼法》第 106 条、第 112 条、第 113 条、第 115 条及《公安部办理刑事案件程序规定》第 251 条。

② 根据现行刑事诉讼法对诉讼参与人的界定，见证人既不是当事人，也不是诉讼参与人，其权利与义务也就无法予以明确化。

或者只是流于形式。最后，对见证人的权利义务告知不明确，未实际保证见证人的充分见证和监督权利，见证人制度在侦查实践中被虚置。

其次，在未决羁押场所中，环境相对封闭，被羁押者的人权极易遭受侵犯。特别在我国目前看守所与刑事侦查部门共同设置于同一级公安机关内部，并接受相同的负责人领导，关系如此紧密的情况下，被羁押者所面临的危险性更大。近年来，我国看守所非正常死亡事件频发，不论在数量还是恶性程度方面，都毫无减弱之势。看守所非正常死亡事件不仅影响到受害人及其家庭，更严重影响了司法权威与政府形象，这个问题亟待解决。在解决思路上，笔者以为，既然这类事件在全国范围内持续不断地发生，表明其已绝非个别执法人员素质不高所致，因而不能停留在对个别执法人员的教育与处罚上，必须拷问与羁押有关的制度设置。虽然有关部门采取了一些措施，以“躲猫猫事件”为契机，《看守所条例》也迎来变革，但仍未能脱离“侦羁合一”的体制现状，因此对我国羁押制度还有继续探讨的必要与空间。

最后，人民监督员制度是针对我国人民检察院直接受理侦查的案件，在外部制约、监督机制匮乏的情况下设置的，是公民参与司法的主要形式。公民参与司法的制度化水平，是反映一个国家司法文明和进步的重要标志。亨廷顿曾提出一个著名的公式：社会参与的程度越高，参与的意愿越高，而参与的制度化水平越低，则政治越不稳定。[①] 公众参与是一把双刃剑，制度化的、良性有序的公众参与有助于司法公正的实现，而无序的、非理性的公众司法参与将引发司法的混乱和民主的破坏。这指出了构建良性公民参与制度的必要性和紧迫性，它甚至关乎秩序的维持和正义的

① 塞缪尔 P 亨廷顿，琼·纳尔逊.难以抉择——发展中国家的政治参与.北京：华夏出版社，1988.

实现。[①]

而目前人民监督员制度的直接规定只有最高人民检察院的《关于实行人民监督员制度的规定(试行)》(以下简称《试行规定》)、《关于人民监督员监督"五种情形"的实施规则(试行)》《关于人民监督员制度试点工作若干具体问题的意见》和《关于人民监督员制度试点工作若干具体问题的意见(二)》等规范性文件,《刑事诉讼法》及其他相关法律均无明文规定。而上述规范性文件均由最高人民检察院制定,属于部门规章,只能适用于检察机关系统内部,不具有对外效力,同时其解释权也在最高人民检察院。这种由被监督者为监督者制定规则并解释规则的情况就难免会造成检察机关的体外监督体内化,降低社会公众对人民监督员制度的信任度。[②] 另外,人民监督员精英化趋势明显,缺乏人民性。由人大代表、政协委员担任的人民监督员的比例呈逐年上升趋势。意在实现"大众化监督"的制度设计却在运行中不可避免地导致了"精英化监督"的实际效果。[③] 再加上人民监督员长达三年并可连任一届的任期,人民监督员制度在实践中逐渐成为只是少数人参加而与普通人"绝缘"的制度。另一方面,《试行规定》第八条、第十二条规定:"人民监督员由机关、团体、企业事业单位和基层组织经民主推荐,征得本人同意,考察后确认。人民监督员的名额,由各级人民检察院根据工作需要确定。"可见,现行制度设计中,人民监督员的产生方式只有单位推荐一种,且最终是由检察机关决定人民监督员的人选和名额后,按照一定的程序聘任,并由被监督的人民检察院的检察长颁发人民监督员证书。这种由被监督者挑选监督者,并授权其监督自己的做法直接导致了定位于体外监督的人民

① 廖焱,阮志勇. 人民监督员制度的反思与建构. 国家检察官学院学报,2005,13(2).

② 作者不详. 人民监督员制度:具有生命力的制度创新. 检察日报,2004-07-20.

③ 罗嫱. 浅议人民监督员制度的规范化. http://www. sjv. gov cn / Commom / Show info aspx? id= 148884,2009-08-04.

监督员制度体内化，并引发了各界对于人民监督员的公正性的质疑。

4.2.2 审查起诉阶段

公民参与司法有助于拉近民众与司法的距离，它“可以将普通公民带入法律的专业世界，他们可以在司法程序的核心领域代表公众发出决定性的声音。这种参与会把对司法制度的信赖感在参与的人以及一般社会公众中逐渐传递”①。而且，公民参与司法便于公民监督权的行使，避免司法自由裁量权的滥用以及司法武断，“从而对人民法院和人民检察院在审理案件以及检察监督等诉讼过程中的行为产生影响与制约。”②因此，可以这样说，公民参与司法确实有助于通过这种司法外部监督方式，在一定程度上保障了公诉权的正确行使，维护了法律的公平正义。但是，在我们对公民参与司法的作用津津乐道的同时，必须要考虑到一点，它可能会侵害公诉权的独立行使。如何构筑两者间的平衡点，以保证公民参与司法良性作用的最大限度发挥，是司法界应该冷静思考的一大问题。

4.2.3 审判阶段

(一)人民陪审员制度及“中国特色陪审团制度”

1.人民陪审员制度

人民陪审员制度的价值与功能在很大意义上是象征性的。“陪而不审”是我国陪审制度存在的最大问题，这一问题能否解决直接关系着陪审制度运行的效果和成败。因此解决“陪而不审”是我国陪审制度进一步改革和完善的关键和难题。“陪而不审”是我

---

① 麦高伟，杰弗里·威尔逊．英国刑事司法程序．姚永吉，等，译．北京：中国法律出版社，2003：347．

② 胡弘弘，邓晓静．公民的司法参与权研究．现代法学，2007(6)．

国陪审制度运行中呈现的一个表面现象,它有着复杂的原因,直接原因是陪审员对审判中的法律问题不熟悉,对案件中的事实认定和法律适用没有把握,因而不自信,不敢发言,习惯听从法官的意见。其深层次的原因是:我国设计陪审制度时对陪审员的定位不准确。《关于完善人民陪审员制度的决定》规定,陪审员与法官在审判时对事实认定和法律适用行使相同的权利,是将陪审员和法官同等看待,没有注意到陪审员的特殊性。因此,陪审员也将自己与法官相比,缺乏自信,不敢发言;法官也担心陪审员无法胜任,重大案件不用陪审员;大力加强陪审员的培训,恨不得让他们像法官一样专业,甚至有人提出陪审员办了错案也应当像法官一样被错案追究。

2. 人民陪审员制度的障碍

中国现有的公民参与司法的主要途径为陪审制度,这项制度的历史还不长,仍存在不少问题。针对这些问题,2004 年 8 月 23 日第十届全国人大常委会第 11 次会议通过了《全国人大常委会关于完善人民陪审员制度的决定》(以下简称《决定》),对人民陪审员的任职条件、任免程序、审理案件的范围、权利和义务、任职保障等各方面都做出了比较明确的规定,遗憾的是,由于立法过程中的相互扯皮、牵制与妥协,最终法律修改的方案并未做出预期的改革,也并未在公民参与司法方面有实质性的突破。实践中还有这样或那样的问题急需解决,我们需要完善我国公民参与司法的相关制度。

(1)人民陪审员参与审理案件的范围模糊。《关于完善人民陪审员制度的决定》第 2 条规定:“人民法院审判下列第一审案件,由人民陪审员和法官组成合议庭进行,适用简易程序审理的案件和法律另有规定的案件除外:(一)社会影响较大的刑事、民事、行政案件;(二)刑事案件被告人、民事案件原告或者被告、行政案件原告申请由人民陪审员参加合议庭审判的案件。”关于陪审适用范围的规定不尽科学，适用中存在误区，导致适用扩大化、随意化、偏离化。以刑事诉讼为例，[①]根据《决定》第2条，有两类刑事案件适用陪审，一是“社会影响较大”的刑事案件，二是被告人申请由人民陪审员参加合议庭审判的案件。

就第一类案件而言，适用陪审无疑是为了集中发挥陪审制的各种功能，立法意旨毋庸置疑。然而在司法实践中，“社会影响较大”这一标准在适用时出现了偏差。2008年全国人大内务司法委员会的调研报告称，在《决定》实施过程中，一些地方反映“社会影响较大”这一标准不好把握，多数基层人民法院有人民陪审员陪审的案件实际上是社会影响不大的案件。调研报告认为这与《决定》的要求相去甚远。[②] 这一现实背离了立法初衷，恐为立法者始料未及。究其根源，一是法院存在片面追求陪审率的倾向，无限扩大适用范围，并以此缓解案多人少的审判压力。[③] 二是这一规定自身存在缺陷。因为“社会影响较大”表述过于原则与笼统，极具模糊性，没有明确的衡量标准，规范功能减弱。[④] 三是法院在有意规

---

① 在现代，陪审主要适用于刑事案件的审判，因此，本文的分析侧重于从刑事诉讼的角度展开，特为说明。

② 施英.《关于完善人民陪审员制度的决定》实施良好.人民法院报，2008-12-02.

③ 与中级法院相比，基层法院对适用陪审表现出了异乎寻常的热衷。如2008年湖南省长沙市天心区人民法院以普通程序审理案件1 296件，其中人民陪审员参审1 226件，占94.6%，参见《天心法院召开2008年人民陪审员工作总结表彰大会》，http://www.tianxin.gov.cn/TXQWeb/GGLM/BMDT/2009-02/20090226100301Info_c1b39e9ee69e409aa4642dd80.html，2010年3月31日访问；2009年，该院人民陪审员共参审案件1 526件，为普通程序案件的98.58%，比例之高令人咂舌，参见《天心区人民法院2009年度人民陪审员工作总结表彰大会举行》，http://txqfy.chinacourt.org/public/detail.php?id=1640，2010年3月31日访问。再如北京市丰台区人民法院2010年全年人民陪审员共出庭10 138人次，参与审理案件5 069件，参审率达90.3%，参见《2010年北京丰台法院人民陪审员参与陪审突破万次》，http://www.court.gov.cn/xwzx/fyxw/dffyxw_1/gdfyxw/bj/201102/t20110214_13799.htm，2011年2月14日访问。

④ 《最高人民法院关于人民陪审员参加审判活动若干问题的规定》第1条将“社会影响较大”细化为以下四种情形：涉及群体利益的；涉及公共利益的；人民群众广泛关注的；其他社会影响较大的。但上述这些情形很难说提供了可评价的标准。

避适用，这或许是更为根本的原因。因为这一规定赋予法院认定权，即法院可以依职权决定哪些案件适用陪审，“社会影响较大”极易被法院任意解释，最终导致适用陪审失之随意。事实上，真正属于“社会影响较大”的案件恰恰因具有较大的社会影响而未能适用陪审，[①]各种缘由颇值得探究。如面对这类案件，法院可能担心人民陪审员易受到非理性情绪的影响而使审判过程与结果失控，再或因合议庭中仅有 1 名法官由此有所疑虑，甚或有因案情重大复杂基于维护社会稳定需要而担心陪审员难以胜任等因素，总之遇“社会影响较大”的案件会存有顾虑而规避适用陪审。这折射出对人民陪审员普遍存在的不信任心理，也是当前司法行政化致使陪审员被边缘化的一种突出表现。在法院对“社会影响较大”的案件不适用陪审的情况下，陪审制不可避免地失去了发挥功能的制度空间。因此，必须改变法院自由决定是否适用陪审的状况，这是陪审制改革取得成功的第一步。

就适用陪审的第二类案件而言，《决定》赋予了被告人申请陪审从而选择判决制作者的诉讼权利，在我国法律中置入了尊重被告人重大程序选择权的现代法治元素。《国家人权行动计划（2009—2010 年）》亦确认这是被告人获得公正审判权的一项内容。此项规定借鉴了现代国家的立法例，如美国联邦宪法修正案第 6 条即规定，在一切刑事诉讼中，被告有权由犯罪行为发生地的州和地区的公正陪审团予以迅速和公开的审判。将获得陪审规定为被告人的诉讼权利，是我国实施程序法治的重要成果。然而并非法律做出规定，该权利就能自动实现。为了保障这一权利，首先，必须确立被告人的知情权与选择权。《最高人民法院关于人民陪审员参加审判活动若干问题的规定》（以下简称《规定》）对此已

① 近年来发生的社会关注度高、社会影响大的刑事案件，鲜见有适用陪审者。中国 2009 年度十大最受关注刑事案件. 民主与法制时报，2010－01－25. 蒋安杰，徐伟. 著名刑法学专家赵秉志点评 2009 年十大刑事案件. 法制日报，2010－01－04.

有明确,其第3条规定,“第一审人民法院决定适用普通程序审理案件后应当明确告知本规定第2条的当事人,在收到通知5日内有权申请由人民陪审员参加合议庭审判案件。人民法院接到当事人在规定期限内提交的申请后,经审查符合本规定的,应当组成有人民陪审员参加的合议庭进行审判”。其次,应为该权利设定救济程序,如法院有告知被告人享有该权利的义务而没有履行告知义务,或者被告人申请由陪审员陪审而一审法院无故剥夺的,即构成程序违法,应作为提起上诉以及二审法院认定一审程序无效而发回重审的法定事由。

在法学界与实务界,长期以来有一种声音,即批评人民陪审员在庭审过程中一言不发,“陪”而不审,且多归因于人民陪审员文化与政治业务素质不高以及责任心不强。这一指责过于简单,失之公允。之所以出现这种现象,一个极易被忽视的重要原因是,绝大多数适用陪审的案件因犯罪事实清楚、证据确实充分且被告人认罪而缺乏争议。对于这类案件,实行陪审的必要性就值得怀疑。在这类案件的审理中,陪审员未必有非问不可的问题,在评议时亦难以发表与法官不同的意见,从而易予人口实。为了调动人民陪审员的积极性,真正发挥其作用,必须科学设定适用陪审的案件范围。[①]

(2)人民陪审员的权利义务不明确。我国有关陪审员权利义务的现行法律规定存在明显缺陷,仅规定人民陪审员与审判员有相等权利,显然过于空泛不易把握,实践中对此理解不一,这是人民陪审员制度陷入困境的一个重要因素。其次,对义务的规定不明确。《人民法院组织法》《刑事诉讼法》《行政诉讼法》中均未提及陪审员的义务问题,这使得陪审员在行使权利的时候失去了义务

① 刘计划.中国陪审制改革之检讨//公民参与司法研究.北京:中国法制出版社,2011.

的约束，导致以权谋私、滥用职权和消极应付不负责任的现象发生，不利于保证其很好地履行职责。

(3)人民陪审员的职责定位不合理。在我国，根据《决定》第 11 条和最新布的《规定》第 7 条的规定，人民陪审员的主要职责是与法官一起对刑事案件的事实问题与法律问题做出裁判。笔者认为，这种将人民陪审员的职责定位于既处理事实问题又处理法律问题的做法是不合理的。一方面，从理论上来看，刑事审判中的事实问题主要是对犯罪事实的认定，包括三个方面：一是有证据证明发生了犯罪事实，二是有证据证明犯罪事实是犯罪嫌疑人所实施的，三是有证据证明犯罪嫌疑人实施犯罪行为的证据已有查证属实的。对这些问题的判断并不需要太多的法律专业知识，只需要一个“普通人”的常识判断和价值是非判断就可以解决。人民陪审员来自社会的各个层面，接近社会生活，有丰富的社会经验，他们所具备的大众社会理性和大众价值观正是对上述事实问题做出判断所需要的，这也正是他们的优势所在，因而将事实问题交由他们处理是合理的、科学的，也是陪审制度的本意。而刑事审判中的法律问题主要是对法律规范的选择和适用，包括对已确定的犯罪事实是否处以刑罚，处以何种刑罚、处以多重的刑罚等问题。解决这些法律适用方面的问题，需要具备相当程度的专业知识才能完成，人民陪审员在这方面显然处于劣势。他们没有受过专门的法律训练，不论从专业素质还是从审判技巧和司法经验上都不可能与长年从事法律工作的法官相提并论，人民陪审员同法官之间存在的职业背景差异和社会角色差异都是无法改变的客观事实，因而他们根本不具备承担法律适用职责的条件和能力，将审判中的法律问题交由他们处理其实是强人所难，是不合理的。另一方面，从目前人民陪审制的实际运行来看，由于人民陪审员不具备法律专业知识和审判专业技巧，却承担着进行法律适用的工作，导致他们在合议庭评议时，只能选择附和法官的意见，从而成为法官的“陪衬”，没能真正起到陪审的作用。而且，今后的社会生活关系将会越来越繁杂，针对各个领域的刑事立法也会大量涌现，对审判者业务水平的要求会越来越高。人民陪审员作为一个“外行人”在这种情境下与职业法官的差距会不断增大，他们在法律适用方面所能发挥的作用只能是微乎其微。因此，综合上述两个方面来看，忽视人民陪审员与法官在法律素质上的不平衡，要求不懂法律的他们与法官一起解决法律问题是不合理的，最终只能导致“陪而不审，审而不议，议而不判”。

(4)人民陪审员趋于精英化、固定化。在我国目前的司法实践中，人民陪审员的选任趋于精英化。根据最高人民法院在2008年《人民法院报》上公布的统计数据，在全国5万多人民陪审员中，具有大学以上学历的占39.18%，大专学历的占48.13%。从以上数据可以看出，我国的人民陪审员80%以上都是由高学历的人来担任的，明显趋向精英化。这主要是因为我国的《决定》对担任人民陪审员的学历要求较高，一般应当具有大学专科以上的文化程度。笔者认为，高学历的资格要求虽然有利于保障人民陪审员的素质，但它既不符合我国的现实情况，同时也有损人民陪审制的民主性，以牺牲后者为代价来换取前者是不可取的，也是不明智的。首先，就现实来看，目前我国仍存在有大量的低于大专文化程度的群体，比如我国仍有9亿农民，他们普遍受教育程度不高，还有大量文化程度不高的工人和其他民众。他们同样是我们国家的主人，同样享有参与国家司法的民主权利，而且他们也具有丰富的社会阅历和人生经验，也代表了他们所代表的群体的朴素正义。从这个角度上说，他们已经具备了一个人民陪审员应当具有的“普通人”的素质，将这一大部分人排除在人民陪审员的行列之外，不符合我国的现有国情。其次，人民陪审员制度作为普通民众参与司法活动的民主形式之一，是扩大人民民主的重要途径，从这个层面来讲，它应当广泛吸纳各个阶层、各个群体的成员，以实现最大限度的民主。把大专文化程度以下的人排除在人民陪审员的行列外，必然削弱人民陪审员制度的民主性。

此外，我国人民陪审员的固定化现象也比较明显。最高人民法院在上述统计中公布了我国人民陪审员的职业分布，党政机关（含单列基层组织）人员占 47.7%，企事业单位人员占 25.31%，科研院校人员占 6.41%，离退休人员占 4.9%，农民工占 2.53%，无业人员占 2.87%。可以看出，我国人民陪审员的产生相对固定于党政机关和企事业单位，人大代表、公务员、教授等人员成为人民陪审员队伍的主力。这主要是由于我国的《决定》没有在规定陪审员的消极资格时对有关人员加以明确的排除，再加上《决定》规定人民陪审员的任期长达 5 年，也没有明确禁止连选连任，在实践中有些陪审员任期届满后又重新当选，也造成了人民陪审员人员的固定化，使得我国人民陪审员的选任缺乏广泛的代表性。而陪审制度设立的本意之一，就是要将社会的普遍价值观与普遍正义观引入到司法审判中去，以弥补职业法官长期从事法律工作所形成的定式思维的缺陷，这恰恰要求陪审员应具有广泛的代表性，运用大众的一般理性来防止司法的过度精英化。从另一个方面来说，人民陪审员的固定化也容易形成陪审员与职业法官在某种程度上的趋同与“默契”，不利于陪审员对法官的制约。[①]

（5）人民陪审员在合议庭评议中的作用有限。就目前我国人民陪审制运行的情况来看，人民陪审员在合议庭中的独立性与权威性依然不足，在合议庭评议时，陪审员简单附和法官意见的现象并不少见，“陪而不审”“审而不议”“议而不判”的弊病仍然存在，陪审员的实质性作用还没有得到充分发挥。笔者认为，这主要是基于以下几个原因：第一，人民陪审员在合议庭中的人数不占明显优势。根据我国《决定》第 3 条的规定：人民陪审员的人数在合议庭

① 施英.《关于完善人民陪审员制度的决定》实施良好. 人民法院报，2008 - 12 - 02.

中所占的比例不少于1/3。在陪审员的人数上，我们仅笼统地规定了这样一个简单、模糊的比例，一方面它意味着陪审员在合议庭中的人数可能是大于1/3也可能是等于1/3。那么在实际操作中，在我国普遍存在的由3人组成的合议庭中，就有可能出现只有1名陪审员的情形，致使合议庭中法官的人数明显多于人民陪审员的人数，当陪审员的意见与法官的意见相左时，他们不具否决权，法官可以轻易地否定他们的意见。在我国目前采用的简单多数的评议规则下，这样的比例根本不可能保证人民陪审员主导判决的形成。另一方面，即使在由3人组成的合议庭中，人民陪审员的比例大于1/3，也仅仅只有2人，如此少的人数根本无法体现陪审员的广泛代表性，也无法代表大众理性和大众价值观，同时也很难保证他们评议意见的客观性和准确度。第二，评议顺序不明确。在评议顺序上，我国新颁布的《规定》第8条规定："合议庭评议案件时，先由承办法官介绍案件涉及的相关法律、审查判断证据的有关规则，后由人民陪审员及合议庭其他成员充分发表意见，审判长最后发表意见并总结合议庭意见。"从这条规定来看，它只是指出了审判长应当最后发表意见，而没有明确规定合议庭其他成员的评议顺序，在实践中的可操作性不强，如果出现法官先发表意见的情形，那么陪审员就很难做到不受影响，容易造成他们对法官意见的盲从，不利于他们发挥实质性作用。第三，我国的庭前准备程序不完善。根据我国刑事诉讼法的相关规定，我国目前的庭前准备程序所进行的工作比较简单，主要是确定合议庭成员以及一些需要通知和送达的事项，基本上没有太多真正保障庭审集中、高效进行的实质性内容。而前期准备工作如果做得不够充分，那么压力都会集中到庭审环节，这就使得法官与陪审员在庭审中的压力比较大，甚至法官有时都得依靠庭审结束后默读卷宗来认定事实，在这种情况下，人民陪审员能发挥多大的作用就可想而知了。再加上，人民陪审员不能参与庭前准备程序，通常也不可能接触到法官所能看到的案卷材料，导致他们在开庭前对案情一无所知，直接影响了他们的听审质量，在评议中所能起到的作用必然会因此大打折扣。第四，法官对陪审员做出指导的程序设计有缺陷。根据我国新颁布的《规定》第 8 条的规定：合议庭评议时，要先由承办法官介绍案件涉及的相关法律、审查判断证据的有关规则。这一指导程序在时间设计上和内容设计上均不合理。就时间上来看，法官对陪审员的总结指示是在合议庭退庭之后进行的，而不是当庭做出，那就意味着没有控、辩双方在场，缺少他们的参与和监督，很可能会形成法官对陪审员一定程度上的干预，不利于陪审员在评议中独立发表意见，发挥实质性作用。而且，在我们前述中也介绍过，在西方一些国家，法官还会就指示的内容与控、辩双方进行讨论，这也可以从一个侧面看出诉讼双方参与的重要性。就内容上来看，它只规定了介绍相关的法律和证据规则，而没有强调陪审员的职责、权利、义务，也没有对庭审做必要的总结，这不利于陪审员充分了解他们在评议中所应行使的权利和履行的义务，不利于他们发挥实质性作用。

3. 中国特色陪审团制度

通过笔者前期的调研，我国有些省、市正在如火如荼地进行“中国特色陪审团制度”，关于 SL 省人民陪审团的起源应当追溯到 2010 年 7 月 21 日，省高级人民法院在各中级法院刑事审判主管院长参加的刑事审判工作座谈会上，决定对刑事审判人民陪审团制度进行试点，并确定三个中级法院和各中级法院所申报的一个基层法院共 14 个法院作为试点单位。SL 省 L 县法院于庭审结束后半小时内陪审团召开闭门会议，合议庭成员也参加但不发表任何意见，这类似于英美法系陪审团评议时被隔离排除外界干扰。依少数服从多数原则形成决议，合议庭依法评议案件时，应当以陪审团案件评审会议笔录和决议为重要参考。在 L 县以至 SL 省，人民陪审团的创新浸染着浪漫主义的理想情调，然而一些现实性的因素依然不可避免地会对制度的发展、运行造成掣肘。由此所折射出的问题是值得我们去关注的，只有去正视目前陪审团所面临的困境，并加以剖析，提出对策，才能令我国公民参与审判事业的大趋向始终在例行的轨道上。而就目前的困境来看，主要有以下几点：

(1)代表的广泛性。推行人民陪审团的基本逻辑思路是，由广大人民群众来参与、监督司法审判，从而使审判能够充分体现人民群众的意志。而要实现这样的目的，有一个基本的前提便是选任出的人民陪审团成员是可以代表广大人民群众的，这就给陪审团的选任工作提出了很高的要求。以L县为例，该县共有26万人口，居住城镇的有五六万，其余都在农村。如何保障每一次组建的人民陪审团都能代表这26万人的意志，不是一件容易的事。在农村人口比例如此高的前提下，要保证参与群众能理解庭审，还要排除农时、打工等客观因素，加之普通群众有可能缺乏参与的持久动力，给人民陪审团的民意代表性提出了很多现实的课题。从现在的情况来看，法院方面还是比较青睐政府部门的人民陪审团成员，而作为公职人员的此类人群过多参与陪审，是不利于陪审团之民意代表性的。此外，不同的案件对于广泛性的界定可能会有所差异，当然，涉及农村的案件很容易增强其代表性，然而其他类别的案件则需要通过一些特殊的筛选机制来体现民意之广泛。从人民陪审员、人民监督员等制度的推行来看，在我国要想推动全民积极地参与司法活动，还是有不小困难的。这也不能完全归咎于司法机关，与我国的社会经济总体发展状况是有着一定关联的。但在尊重客观规律的同时，也需要我们进一步发挥主观能动性，从制度层面入手，却尽量保证人民陪审的民意代表性。

(2)法律知识的培训。按照《制度》规定，人民法院应当有计划、有组织的对所辖区域内的所有陪审团成员开展培训，包括职业技能和道德培训，提高其素质。而每年当地法院系统都会大规模的针对陪审团成员进行培训两次。那么是否真的有必要开展培训呢？这里还需要回归创设陪审制度的本意上来，公民参与到审判业务中来的一项重要原因，便是避免因为法官较强的专业性而陷入"执拗"，进而使判决背离了公平正义。故而，西方的公民参与机制，无论是大陆法系的参审制，还是英美法系的陪审团制，都不会对参与的民众加以法律培训，依靠其日常积累之社会经验及朴素的正义观来给出公正的裁决。如果需要培训法律知识，何不多吸纳职业法官，引入民众参与岂不是多此一举？但反观我国，以在 SL 省推进的人民陪审团为例，法官们似乎非常介意参与审判之民众的法律素养。生怕陪审团因为法律知识的不足而制造出错案，以至连筛选案件时都小心翼翼，这就与陪审的本质意义产生了距离。其实不只是人民陪审团，人民陪审员、人民监督员等制度无一例外，主管部门都在法律培训问题上下足了工夫，而实际办案人员更是屡屡将这一点"放大"，作为质疑以上制度的论据。可见，我国的司法办案机关其实并没有完全接受公民参与审判活动的基本理念，甚至还持着一种怀疑的态度。

(3)法律依据何在。据说《L 县人民法院中国特色人民陪审团制度》在人大常委会审议通过的时候就比较费劲，因为没有相关的法律依据，而这恰恰也反映出此制度发展的瓶颈。除了 SL 省，还有一些省份及地区也在搞陪审团制度的尝试，也同样面临着这些问题。"步子迈得大"既是这些地区的特色，也是制约其发展的一大障碍。由于这样的改革在触及刑事诉讼的基本制度，在没有立法支持的前提下推进，难免会背负上僭越法制的"骂名"。而这种自行其是的改革其实也令司法办案人员们患得患失，心存疑虑。这样的改革可能存在两种结局：一种是有朝一日获得上级立法部门的肯定，得以"修成正果"；而另一种则是相关领导换届后，改革戛然而止，新生的陪审团制度就此化作尘埃。由于缺少自上而下的改革原动力，出现后一种结局的概率显然要高于前者，如果是这样的话,对于法治的严肃性都是一种打击。因此在缺乏法律支持的背景下,进行如此大幅度的法律制度改造,其可靠性还是值得商榷的。尽管目前SL省所推行的人民陪审团制度还存在着这样那样的争议,但这样的改革还是为我们提供了难得的平台,可以通过实证的方式去验证在中国这片土地上,是否具有陪审团存活的土壤。因而,这种试验的过程及结论还是值得期待的。它对于我国公民如何更深入地参与到司法活动中来,也具有一种难得的参考价值。①

(二)轻罪案件的调解制度

刑事调解制度在中国由来已久。在西周就已经比较完备,并贯穿于整个中华法制的发展过程中。在中国古代,除了十恶、强盗、杀人等个别重大刑事案件不得调解外,刑事调解广泛应用于其他所有刑事案件的处理中。在民主革命时期,实行"主要对付反革命,一般刑民事宜为次要"的司法政策,将一般性的刑民事案件交由基层组织自行解决,人民政权的正式组织主要处理有关危害政权的案件,如陕甘宁边区除23种刑事犯罪外,冀南区除17种犯罪外,其余犯罪均可调解。1954年,人民调解委员会正式建立,《人民调解委员会暂行组织通则》第3条规定:委员会调解民事以及轻微刑事案件。调解在轻微刑事案件的处理中,一直居于主导地位。但在"文化大革命"期间,刑事调解被斥为调和阶级矛盾而备受冷落。中国实施改革开放后,强调"以法律为准绳",刑事调解受到质疑。1989年颁布的新的调解规则取消了调解委员会调解轻微刑事案件的权力,刑事调解陷入低谷。我国刑事调解的基本要求是自愿、合法,不损害国家、集体和公民个人的利益。在适用范围方面,我国刑事调解的案件适用范围,仅适用三类案件:一是告诉才

① 陈敏.SL省法院公民参与司法——以L县法院调研为视角//公民参与司法研究.北京:中国法制出版社,2011:90.

处理的案件,具体包括侮辱、诽谤案暴力干涉婚姻自由、虐待罪和侵占罪四类;二是被害人有证据证明的轻微刑事案件,依刑法规定具体包括重婚案、遗弃案、妨害通信自由案、非法侵入他人住宅案、生产销售伪劣商品案、严重危害社会秩序和国家利益的除外,严重危害社会秩序和国家利益除外的侵犯知识产权案以及刑法分则第四章、第五章规定的,对被告人可能判处三年以下有期徒刑的其他轻微刑事案件;三是非人民检察院提起的刑事附带民事案件,对于刑事附带民事案件,公安司法机关都有权对其民事部分进行调解。即将实施的《刑事诉讼法修正案》在第五编第二章将部分公诉案件纳入和解的范围,具体指:①因民间纠纷引起,涉嫌刑法分则第四章、第五章规定的犯罪案件,可能判处三年有期徒刑以下刑罚的;②除渎职犯罪以外的可能判处七年有期徒刑以下刑罚的过失犯罪案件。

在刑事调解的适用阶段方面,对于告诉才处理的案件和被害人有证据证明的轻微刑事案件,调解在审判阶段进行,由法官主持;对于非检察院提起的刑事附带民事案件,依照刑事诉讼法及相关司法解释的规定,调解可在侦查、起诉、审判阶段进行,在不同的诉讼阶段,警察、检察官和法官分别担当刑事调解人的角色。尽管我国现行《刑事诉讼法》第 172 条规定了:人民法院对告诉才处理的刑事案件及被害人有证据证明的轻微刑事案件,可以进行调解。但是,基于维护国家、社会公共利益和安全,刑事司法权一直掌握在公权力机关手中,当事人无权处分,因此我国当前在司法实践中,刑事调解的适用微乎其微,刑事调解仅仅是一纸空文。虽然我国的刑事调解制度历史源远流长,但尚未形成一个完整的体系,由于近代政治战争等原因,刑事调解制度在我国趋于停滞。改革开放以来,尽管我国司法改革取得了相当大的成绩,但是在刑事调解制度方面已经远远落后于欧美发达国家。刑事调解虽然在我国法律中已有明文规定,但是在实践中适用的甚少,未受到相应的重视。相反,法制先进的欧美国家,刑事调解制度已经自成体系,并且在实践中经常适用,值得我们借鉴。

(三)证人作证制度

即将实施的《刑诉法修正案》草案为破解“证人出庭难”,拟增加专门的条款,设计了证人强制出庭的制度。同时,规定证人没有正当理由不出庭作证的,人民法院可以强制其到庭,但被告人的配偶、父母、子女除外。对于情节严重的,经院长批准,可处以十日以下的拘留。上述条文已在即将实施的《刑诉法修正案》中得到了确立,这将大大缓解我国历来的“证人出庭难”问题,也将使我国刑事诉讼朝着现代诉讼理念与诉讼制度体系迈出了坚实一步。但现行刑事诉讼法和该草案都未能对证人作证模式作较完备的规定,如该修正草案仅在第六十一条规定:对于危害国家安全犯罪、恐怖活动犯罪、黑社会性质的组织犯罪、毒品犯罪等案件,证人、被害人因在诉讼中作证,本人或者其近亲属的人身安全面临危险的,人民法院、人民检察院和公安机关应当采取以下一项或者多项保护措施:①不公开真实姓名、住址和工作单位等个人信息;②采取不暴露外貌、真实声音等出庭作证措施;③禁止特定的人员接触证人、被害人及其近亲属;④对人身和住宅采取专门性保护措施;⑤其他必要的保护措施。这种立法虽可能对证人权利保护起到一定作用,但由于规定偏向原则,不够具体与全面,势将导致对证人权利保护不够,影响证人作证效果。

4.2.4 执行阶段

公民参与刑事执行是公民参与司法的应有之义,刑事执行中的公民参与主要体现在社区矫正上,它能够体现出正义、民主、科学等的价值。但是在实践中,公民参与刑事执行还存在很多的问题急需司法界的探讨。

社区矫正是行刑社会化的一种方式,也是公民参与司法的一条途径，它有利于公民对司法的监督，防止司法腐败、保障司法的公信力和威严。2003 年 7 月 ，最高人民法院、最高人民检察院、公安部、司法部联合下发《关于开展社区矫正试点工作的通知》(以下简称《通知》)，正式启动我国社区矫正试点工作。随着试点范围的不断扩大，经批准，2009 年在全国全面试行社区矫正工作。2010 年 8 月，通过《中华人民共和国刑法修正案(八)》(以下简称《刑法修正案(八)》)，鲜明地提出对管制、缓刑和假释等犯罪分子“实行社区矫正”，使得社区矫正有了明确的法律依据，进一步推动我国的刑事司法体制改革。我国公民参与社区矫正存在的问题主要表现在两个方面：一是社区矫正的社会认可度不够，公民参与性不强；二是公民参与社区矫正的途径缺乏程序保障。

首先，一项制度的真正推行不仅要建立自身的完善体系，更要关注外界的可接受性。我国虽然试点多年，但还是有很多人不知道社区矫正是怎么一回事，甚至误会这是在放纵犯罪。社区矫正的社会认知度和认可度不足也就成了我国社区矫正制度的公民参与性不强的一个重要原因。要鼓励社会参与社区矫正，就必须先让公民了解和认可社区矫正，就必须大力宣传社区矫正的价值。一方面，司法行政部门应以法制宣传教育为载体，将社区矫正相关政策法规向社会各界宣传，将试点取得的成果展示给广大民众；另一方面，社区基层组织也可以在各社区配合进行多种多样方式的宣传，如宣传栏、小区广播等。如此努力提升社会公众对社区矫正的认识程度，让他们从心理上接受矫正对象，从行为上帮助矫正对象，促使矫正对象顺利回归社会。

其次，把服刑人员放在社区，增加了社会的不安定因素，从维护自身利益出发，公民有权利要求参与社区矫正，这不仅是行使公民知情权的体现，也是公民司法参与权和监督权的实现形式。程序正义是实体正义的根本保证，没有程序保障的权利是无法得到实现的。但是我国《刑法修正案(八)》只是规定了社区矫正这种刑罚执行方式，而没有规定具体的程序内容。此前虽然有“两高”和“两部”下发的《通知》和《暂行办法》，[①]以及各个试点省市自己因地制宜的规定，但是这些文件的程序内容要么过于简单，要么不够全面，缺乏统一性和科学性，而且在效力位阶上也不具备足够的权威性。为保证社区矫正工作的有序顺畅进行，保障公民对社区矫正的广泛参与和支持认可，我国的社区矫正必须走上法律化、程序化的道路。[②]

① 《通知》和《暂行办法》：2003 年最高人民法院、最高人民检察院、公安部、司法部下发的《关于开展社区矫正工作的通知》和《扩大社区矫正试点范围的通知》，还有司法部 2004 年制定的《司法行政机关社区矫正工作暂行办法》。

② 刘慧. 公民参与社区矫正//公民参与司法研究. 北京：中国法制出版社，2011.

第5章 公民参与司法的制度构建与完善

公民参与司法在我国《中华人民共和国刑事诉讼法》(以下简称《刑事诉讼法》)中虽有其合法性的依据,但如上文所述实践中出现的问题亟待法律规范,需要我们进行深入探讨。从《刑事诉讼法》的条文规定来看,公民参与司法在刑事侦查、起诉、审判、执行的各个具体环节上都有相应的体现,但现有的相关法律规范尚显粗疏,需要我们进一步完善。

5.1 立案侦查阶段

我国现行的一系列法律法规为公民参与刑事侦查提供了制度保障,一是宪法层面。在《中华人民共和国宪法》第2条规定了公民参与刑事侦查的宪法依据:中华人民共和国的一切权力属于人民。人民行使国家权力的机关是全国人民代表大会和地方各级人民代表大会。人民依照法律规定,通过各种途径和形式,管理国家事务,管理经济和文化事务,管理社会事务。二是诉讼法层面。基于发现实体真实、查明案件真相的考虑,我国历来十分重视吸纳公民参与司法,依靠群众办案被视为是指导我国刑事诉讼法运作的原则之一,公安机关将“群众路线”作为侦查工作的一项基本原则。如《刑事诉讼法》第6条、第43条、第84条,从法律规定上来看,我国侦查程序中的公民参与比多数国家丰富,但这些法律条文只是宣示的作用在实践中几乎没有生命力,制度落实状况极不理想。在侦查阶段,公民参与司法主要表现在以下几个方面:举报、报案义务、扭送制度、证据调查中的参与、见证人制度、私人侦探、检察院的人民监督员等。

5.1.1 举报、报案制度

《刑事诉讼法》第84条规定立案材料来源问题时，强调任何单位与个人，无论是否与案件有利害关系，在发现犯罪事实或犯罪嫌疑人时，有权利也有义务向公安司法机关报案或举报。该条鲜明地体现了刑事司法工作中的群众路线，且将报案与举报作为了公民的法定义务，在这一方面公民参与不仅仅是一种权利，也基于法律规定而转变为了一项法定义务。《刑事诉讼法》第43条规定了证据搜集中的群众参与，即“必须保证一切与案件有关或者了解案情的公民，有客观地充分地提供证据的条件，除特殊情况外，并且可以吸收他们协助调查。”该条旨在鼓励社会公众协助专门机关提供调查线索或发现证据。

实践中，上述两个条文的实施效果并不理想，警方越来越依赖新型警务方式，比如信息引导侦查、高科技侦查等，发现案件、侦破案件。实践中侦查机关开始遵循市场经济规律，通过悬赏通告的方式，使用金钱换取公民的协助。①这在我国20世纪80年代初开始启用，目前适用范围与适用案件数量逐步扩大，《公安部办理刑事案件程序规定》第257条顺应执法部门的实践需求肯定了其合法性。

笔者通过对相关部门的实证调研发现，举报、报案人的积极性不高是制约公民参与侦查活动启动的瓶颈。《刑事诉讼法》第85条规定，公安机关、人民检察院或者人民法院应当保障报案人、控告人、举报人及其近亲属的安全。报案人、控告人、举报人如果不愿公开自己的姓名和报案、控告、举报的行为，应当为他保守秘密。但此条文可操作的配套措施较少，新的刑事诉讼法修正案也未对

① 马海舰.刑事侦查措施.北京:法律出版社,2006:399.

此做出任何规定。应当建立举报、报案人保护制度。一是通过立法,把对举报、报案人保护纳入国家法律的框架内予以考虑,从案件来源上为举报、报案人妥善保密及指导举报、报案人防止因失慎而自我暴露。二是建立经济补偿制度,使他们得到足额的经济补偿。使之在实践中具体化更具可操作性,才可有效地保护举报、报案人的合法权益不受侵害。

5.1.2 见证人制度

鉴于前述提出的问题,《刑事诉讼法》关于见证人制度的规定应当坚持程序法定原则,统一见证程序标准。一是在《刑事诉讼法》中专门设立"见证人"一节,明确规定见证人制度。二是《刑事诉讼法》中明确规定见证人制度的原则、见证范围、见证人的诉讼地位、见证人的资格、见证人的权利、义务、选择和邀请见证人的程序性规则、回避规定及见证人缺陷导致的非法证据排除等。具体而言,刑事见证人制度应从以下几方面构建。

(一)见证人的资格

见证人首先应当是与案件无利害关系的第三人,应当保持客观和中立,这是由见证制度所具有的监督和证明作用决定的,否则见证人对诉讼行为真实性和合法性的证明将大打折扣。《俄罗斯联邦刑事诉讼法典》第 60 条规定,"1. 见证人是与刑事案件的结局无利害关系并被调查人员、侦查员或检察长邀请来证明实施侦查行为的事实以及侦查行为的内容、过程和结果的人员。2. 下列人员不得作为见证人:①未成年人;②刑事诉讼的参加人、他们的近亲属和亲属;③依照联邦法律享有进行侦缉活动和审前调查权限的行政机关工作人员。"[①]未成年人作为首要的排除对象主要是基于其缺乏认知能力考虑,后两种人被排除在外是基于他们是案件

① 俄罗斯《俄罗斯联邦刑事诉讼法典》第 60 条。

的利益相关者或先前已参与了案件导致其难以在见证中保持客观，因此我国刑事诉讼中的见证人应当是与案件无利害关系的人。除此而外，见证人选任上不得不考虑的一个问题是其是否具有相应的见证能力，见证能力不仅要求见证人具有一般人所具有的认知能力而且其应该对侦查程序规则有所了解，因为只有其具备相关的专业知识，才能明白侦查人员的侦查行为是否按法定程序进行以及证据的收集提取是否合乎规程。

（二）见证人的诉讼地位

目前对于见证人的诉讼地位问题，我国法律没有明确的规定，应在立法中明确见证人的诉讼参与人地位。① 见证人参与了刑事侦查活动，如同证人、鉴定人一样都是保障了刑事诉讼活动的顺利进行，理应拥有诉讼参与人地位的诉讼地位。

（三）见证人的权利义务

如前所述，见证人属于诉讼参与人，明确其在诉讼中的权利义务才可使其参与诉讼实质化并达到预期的效果。参考国外关于见证人权利义务的规定结合我国实际情况，可在立法中明确见证人的如下权利义务：见证人有权到场见证现场勘查的全过程并对侦查人员的违法行为提出纠正意见或进行举报；有权查看侦查人员的工作证件和进行侦查活动的证明；有权询问侦查人员在侦查行为中所涉及的专业技术性问题；有了解、翻阅侦查笔录并提出更正或补充意见的权利；有权对违法侦查行为拒绝在笔录上签名；有权对侦查人员提取、封存的实物证据过目；有权因为了见证活动而遭受的直接经济损失获得国家补偿；见证人应当认真、谨慎、勤勉的完成见证任务；有义务接受有关机关指派并完成全程见证任务；有义务按照侦查人员的要求保守侦查秘密，但在法庭作证时除外；当控辩双方就证据和程序问题发生争议时，有出庭作证的义务。

---

① 杜钘格.论我国刑事侦查程序中的见证人制度.贵州警官职业学院学报，2010(4).

5.1.3　羁押场所巡视制度

针对上述羁押场所提到的问题，结合中国人民大学诉讼制度与司法改革研究中心陈卫东教授负责的在辽源市的羁押场所巡视制度试点研究项目和英国独立羁押巡视制度的先进经验，羁押场所独立巡视制度可改变羁押场所的相对封闭。羁押场所独立巡视制度是指国家机关组织来自社会公众的代表对羁押场所进行定期或不定期的独立巡视，巡视人员通过巡视羁押场所的羁押条件、查验羁押记录、与被羁押人进行单独访谈，以确认被羁押人是否受到了人道待遇、羁押是否符合法定条件与程序、被羁押人的法定权利是否得到了有效保护的一项对羁押场所的监督、检查制度。羁押场所监督巡视制度，使人权保障摘掉了神秘的面纱，变得直观、常态、通俗、简单而易于实行，而且最直接地实现了民主。它的主体是各行各业的公民志愿者，而且必须与被羁押者以及羁押场所、政府部门没有任何利害关系。其预防辐射面广，既包括刑讯逼供行为，还包括生活待遇、羁押场所条件、各种法律权利的告知与落实等与被羁押人处境待遇息息相关的事项，是一种程序外机制，弥补了司法程序内监督的缺陷，从而促进了权力监督的实效性。巡视制度的作用机制是巡视员发现在押人员所受待遇的现状和问题，然后向有关当局反应和要求解决，最后由当局向巡视员反馈处理情况，实现了双向互动。双向的好处不仅在于巡视员对羁押当局的不合法或不合理行为起到了监督作用，而且在另一个层面上通过巡视员的媒介作用使社会公众了解到羁押当局公正执法对在押人员权利的保障，使公众信任司法。①

公民参与刑事司法是司法民主化的必然要求，羁押巡视制度所反映出的司法社会参与有两个方面特点：一是参与广度拓展，

① 陈卫东.羁押场所巡视制度实证研究报告.法学研究，2009(6).

从传统的审判阶段走到审前阶段，特别是具有保密性的侦查羁押阶段，从而拓宽了刑事司法公民参与的阶段范围；二是参与深度由被动参与上升到了主动、能动参与的新层次。这种被动与能动参与相结合的“治理型”的司法模式，使得政治国家与公民社会和谐相处，达至社会治理的良好状态。① 但该项制度的推行也存在着如下问题：

巡视主体的选择与权力制约问题，西方国家的制度设计当中，巡视员从社会公众当中选出，而目前我国现有巡视制度产生的源泉在于宪法所规定的各级人大、政协对行政机关的监督，虽然沿袭目前的制度设计可以更为简便、迅速地引入羁押巡视制度，但我国目前这种羁押巡视员的选择方式也存在一定的局限性。比如当前相当比例的人大代表、政协委员都是具有一定领导职务或者经济地位的企事业单位领导人员，原有的本职工作以及领导职务已经令大部分代表、委员十分忙碌，如何保证从这些人群中遴选出的巡视员能够有充足的时间与精力从事巡视制度是目前这种制度设计中需要着重考虑的问题。如果不沿用现有的成型制度而是从社会公众中遴选巡视员，另外一个问题也不容忽视：长期以来由于国家权力的包揽一切导致我国公民社会的发育进程缓慢，同时经济条件、宗教信仰方面的特殊国情也使得西方社会盛行的志愿者文化在我国显得相对陌生与欠缺。在这种情况下，植根于志愿者文化与公民社会的巡视员制度也就缺乏足够充分的生长土壤。如果选择不利用人大、政协的既有制度资源，如何在缺乏制度生成土壤的国度培植出独立的巡视员制度就成为了一个短期内不易解决的制度性困境。② 其次如何制约巡视员权力的行使、确保其巡视权力

---

① 黄欣.司法公开既是一种理念又需实践 让司法在阳光下运行.珠江晚报，2011-05-19.

② 陈卫东.羁押场所巡视制度实证研究报告.法学研究，2009(6).

不被滥用也是需要在进行制度设计时同步考虑的问题。[①] 而且,看守所归公安机关管辖,其并不具备独立于侦查职能的中立性。在这种制度环境下,对侦查权进行间接监督的羁押巡视制度必然面临着更大的推行阻力,应进行相应“侦羁分离”的改造,使此制度在中国这片土壤更加具有旺盛的生命力。

5.1.4 人民监督员制度

公民参与司法的制度建设,有两方面的要求:首先是公民参与。我们必须把检察官的职业化和人民群众的人民性结合起来,才能够真正地维护社会的公平正义、和谐稳定,促进经济的平稳较快发展。鼓励人民群众参与检察机关工作的具体环节,体现人民当家做主的地位。其次是司法公开。司法公开是我国社会主义民主政治建设和社会主义法治国家建设的重要组成部分,也是司法现代化和司法民主化的重要标志。没有司法公开,就没有社会监督,也就没有司法公正。司法要公开,就要有公民参与,司法公开只有与公民参与同行,才能彰显司法的人民性,增强人民司法的公信力。针对前述提到的问题,提供以下思路:

(1)完善立法。人民监督员制度是规范检察机关接受外部监督的一种程序化的工作机制,需要法律加以明确规定[②]。因此,要走出体外监督体内化的困境,首先就要将人民监督员制度由最高人民检察院的部门规章上升到国家法律,提高其适用效力。至于如何将人民监督员制度法律化,目前社会各界有多种意见。笔者

---

① 西方国家城市化程度较高,巡视员巡视的场所多位于陌生人居多的城市,巡视员与被巡视人之间发生权力交易可能性的概率十分渺茫,同时巡视员组织机构的独立性、职业化程度都比较高,通过经常性的培训与职业道德教育使得巡视员的自律意识都比较强,综合种种因素,巡视员以权谋私的现象极为罕见,相应地对巡视员约束制度并不是制度建设与探讨的重点所在。

② 周永年.人民监督员制度法制化的法理基础及模式选择.政治与法律,2006(5).

认为,人民监督员制度立法应从以下三个方面展开:一是在我国《刑事诉讼法》中增加一条原则性规定,即人民检察院查办职务犯罪侦查案件,依法实行人民监督员监督的制度,并在《刑事诉讼法》的适当位置就人民监督员制度适用的案件范围、人民监督员监督的组织形式、人民监督员的权利、人民监督员的回避等做出规定。二是在《人民检察院组织法》中增加一条原则性规定,即人民检察院查办职务犯罪侦查案件,应当接受人民监督员的监督,并在《人民检察院组织法》中就人民监督员制度适用的案件范围和具体情形、人民监督员监督评议的效力、人民监督员的任期等做出规定。三是由全国人大常委会制定一部关于实行人民监督员制度的单行法律。人民监督员制度是一个独立的、专门的监督程序,应由全国人大常委会制定专门的法律,对其作出全面、系统的规定。制定该法可借鉴人民陪审员制度的相关决定,并可吸收最高人民检察院已有的关于人民监督员制度的规范性文件的内容,但应剔除其中检察机关内部的工作方式的内容,并对人民监督员的法律地位,人民监督员的权利义务,人民监督员的选任条件和程序,人民监督员监督案件的性质、范围程序、组织形式和效力,人民监督员的职责保障,人民监督员的管理机构等方面做出全面、具体的规定。另外,通过实证调研发现,最高人民检察院方面还是对于人民监督员立法有所希冀的,甚至还有制定《人民监督员法》的远期憧憬。

(2)监督范围问题,人民监督员的现行监督范围中,最大的弊病就出自对"五种情形"的监督,可以说几乎是形同虚设。尽管最高人民检察院对人民监督员的监督范围做出了调整,但"五种情形"中的内容"毫发无损"。其实问题并不在于最高人民检察院设定了怎样的范围,而在于并没有明确如何去发掘这五种情形,按照我们调研某省检察院人民监督员办公室负责人的话来说,就是缺乏一种明确的启动或是发现机制。既然寄希望于人民监督员去监督立案、超期羁押等违法违纪现象,就应该提供专门的渠道使人民监督员们能够及时准确地发现问题，也要提供程序化的机制使监督能够落到实处，而不是让人民监督员如大海捞针一般去道听途说。现在人民监督员对于“五种情形”的监督随意性很强，主要依靠社会民众的举报和自己的发现，这与检察机关向社会公开的举报渠道又有何区别？加之人民监督员办公室只是一个综合协调机构，对于监督员发现的问题也只能起到一个信息传递的作用，仅仅能做到及时将自己掌握的信息反馈给人民监督员，所谓“监督”根本就是空中楼阁。对“五种情形”的监督力度远不及“三类案件”，完全丧失了刚性。如果不能予以完善，依然维持现有的空白，对于这些情形的监督就会彻底沦为“纸上谈兵”，非常不利于人民监督员制度的健康成长。① 正如某省人民监督员办公室的干警所言，人民监督员对“三类案件”的监督在程序上具有刚性，而在结果上是不具刚性的。原先设立的复核机制尽管有些自欺欺人的意味，但多少还体现了对人民监督员评议结果的一种尊重。然而，《意见》中取消了这种制度设计，连最后的“遮羞布”都扯掉了。既然找来人民监督员监督，最后拍板定夺的却还是检委会，在监督效果上是难以具有说服力的。很多干警都担心缺少法律素养的人民监督员会意气用事，而扭曲法治，完全放权给人民监督员更是对检察机关之权威的损害。殊不知，公民对审查起诉的参与，不仅不会伤及检察机关的面子，反而会巩固其法律监督者的权威性。至于法律素养的问题，一者，人民监督员办公室自己在搞培训，总不能自己否定自己的工作成果吧？再者，只要在制度上设计得当，总能妥善解决的，日本的检察审查会不就引入了律师协助制度来弥补其成员的法律缺失吗？关键要看检察机关是真心接受公民的监督，还是仅仅做个样子。在访谈中，某省的干警们似乎对美国的大陪审团、日本的检察审查会并不以为然，认为这是法律专业性的一种倒

① 陈卫东，孙皓．人民监督员制度运行调研报告．国家检察官学院学报，2011(10)．

退。这样的态度还是能够反映出当前大部分检察机关干警对人民监督员制度之基本立场的。

(3)改造人民监督员的选任条件,实现由“精英化监督”向“大众化监督”的转变。在制度上扩大人民监督员的选任范围,使具有正常文化水平的非专业人士能够参与进来,让社会大众的正义观在司法过程中得以体现,从而使该制度真正具有广泛的代表性。其次,改变人民监督员的选任方式,笔者建议可采取个人申报和政法委审查相结合的方式。让任何符合人民监督员条件的公民都可以申报人民监督员,检察机关只负责将所有申报人个人的资料送往本地政法委,由政法委认真审查每个申报人的相关情况并择优选出一定数额的人民监督员,再由检察长任命、颁发证书,并通过这种方式建立一定数量的人民监督员备选库,用随机抽选的方式确定具体案件的人民监督员。彻底将人民监督员从检察机关的直接授权、管理中剥离出来,实现人民监督员的独立性和代表性,在确保程序正义的同时,祛除内部监督的嫌疑,使人民监督员制度真正起到外部监督的作用。

5.1.5 私人调查制度

私人调查是指国家特定调查机关以外的以赢利为目的的实施调查行为的具有私力调查职业资格的个人或单位。截至目前,私人调查制度仍未被我国法律所认可,公安部颁布的《关于禁止开设“私人侦探所”性质的民间机构的通知》对其明令禁止,我们不要简单地认为此通知存在即合理,应对其权威性提出质疑。① 我国宪法及基本法律并没有相关的规定,公安部的这一“内部”通知到底具有多大的效力呢?当效力位阶低的行政规章与效力位阶高的法律抵触时,私人调查存在是不合法的这一说法值得考量。笔者认

① 蒋雪琴.试论侦探业在我国之可行性问题.川北教育学院学报,2002(4).

为私力救济是公力救济的补充和完善，公力救济是私力救济的前提和基础，两者是相辅相成的关系。许多人认为私人调查容易侵犯公民的隐私权，因此其备受指责。笔者认为法律研究的重点不应是过多地追问其是否容易侵犯他人的权益，问题在于如何依法规范这种公民参与的行为，应探讨如何设定规范去防止侵权。

因此，在法律制度上建立起包括审查准入制度，设立专门的管理部门，负责其执照颁发、注册、登记等日常监督管理工作；对该行业的从业人员的资格、组织机构、工作方式、经营范围等进行规范，明确私人调查业本身的权利义务。

（一）私人调查的主体

1. 私人调查员

通过参考国外的经验并结合我国的国情，对私人调查员的职业资格准入规定及监管应至少涵盖以下的方面：第一，18 岁以上并具有完全的民事行为能力。第二，无违法、犯罪记录。第三，具有大学本科以上学历。第四，接受私人调查协会认可的专业调查培训机构的培训并获得职业资格证书。第五，非现职司法工作人员。当满足以上全部条件时，可向相关部门提出申请，审核通过后方可从业。私人调查是一项专业性很强的工作，因此应加大对私人调查员的专业培训，尤其注重对其心理素质、基本职业技能、专业知识的培训。

2. 私人调查公司的成立

私人调查公司的注册程序与其他公司基本相同，稍有不同的是公司名称的预选核准及经营范围的设定。

（二）私人调查的范围

参考国外经验及国内实践的情况，可将以下的服务领域作为私人调查的经营范围：打假及知识产权侵权调查、民商事诉讼证据调查、家庭婚姻领域的调查、刑事诉讼领域的补充调查、竞争性情报与企业资信调查、企业安全咨询与雇员行为调查、商业反欺诈调查、财产与人员行踪调查及其他服务。竞争性情报与企业资信调查目前有提供此类服务的专门公司，且服务的质量与水平超过现有的私人调查机构。但是因其服务内容的特殊性和专业性，还是将其划归为私人调查业务范围。①

(三)私人调查的方式

如果将私人调查的调查手段限制在公开调查范围内，那么其收集证据的能力及获取信息的能力将大打折扣。因此，我们可以考虑赋予私人调查员在特定情形下部分“专门调查”的手段和权力，诸如跟踪、偷拍、偷录，在特定情形下可以进行。具体而言，有些私人调查员本身就是律师，在具体调查中其与工商行政执法人员、技术监督执法人员共同联合开展调查，利用这几类人员的法定权力，运用相应的调查手段进行调查。只是在最后的查封、扣押、没收、固定证据阶段以其名义进行即可。综上所述，只有通过法律明确进行规范划清界限，才可使私人调查制度向着好的方向健康发展。

5.2 审查起诉阶段

审查起诉阶段公民参与司法的形式主要是人民监督员，当我们对其作用津津乐道的同时，必须要考虑到它可能会侵害公诉权的独立行使。如何构筑两者间的平衡点？笔者将从以下几个方面探讨，希冀对该问题解决贡献微薄之力。

(一)公民参与司法的主体范围探析

公民参与司法的主体范围，鉴于其监督的职能和目的，很多人会直接将其主体范围定位为当事人之外的案外人。而有些学者则

① 陆秋君.私人调查初探//司法文明与诉讼变革.北京：法律出版社，2007：206.

认为公民参与司法是建立在社会主体自身的公民权利基础之上,[①]当事人参加诉讼活动是对其公民权利的行使,故当事人理应包含在公民参与司法的主体范围之内。那么公民参与司法的主体范围是否应该包括当事人呢?其主体范围是否囊括所有享有公民权利的公民呢?下文将以审查起诉阶段为视角,对公民参与司法的主体范围进行具体探讨。

1.诉讼参与人的主体地位分析

诉讼参与人一般可分为两大类:一是当事人;二是其他诉讼参与人。在刑事诉讼中,当事人之外的其他诉讼参与人参与诉讼,并非其与该诉讼活动有直接的利害关系,亦非实现其行使公民监督权的目的,而是为完成刑事诉讼的任务而参与。鉴于当事人和其他诉讼参与人对刑事诉讼的进程和结局发挥着不同程度的影响和作用,因此主要以当事人为诉讼参与人的典型,讨论其是否应当涵盖于公民参与司法的主体范围之内。

在审查起诉阶段,当事人参与诉讼活动主要体现在我国刑事诉讼法第139条、第145条以及第146条的规定之中:在审查起诉阶段,应当听取被害人和犯罪嫌疑人的意见;被害人对不起诉决定的异议权;以及被不起诉人对酌定不起诉决定的异议权。犯罪嫌疑人和被害人均对案件的最终结局有直接的利害关系,正因为如此,两者似乎都具有对司法权进行监督的意愿和目的。那么,是否应将两者涵盖于公民参与司法的主体范围之内呢?首先,犯罪嫌疑人的主体地位问题。先分析公民参与司法的具体内涵,公民参与司法,从语义上和功能上分析,强调的是公民参与司法活动的主动性和意愿性;从目的和价值角度进行分析,其意义在于对司法权的监督和制约。当事人中的犯罪嫌疑人受到追诉进入到刑事诉讼程序之中,其为保护自身权益而行使的辩护以及相关权利,理应视

① 郭道晖.尊重公民的司法参与权.国家检察官学院学报,2009(6).

为对检察权行使的监督和制约，这一点毋庸置疑。而在刑事诉讼活动中，基本的构造模式是法院居中裁判、控辩两方平等对抗。作为辩方主体的当事人中的犯罪嫌疑人，虽然可能是由于他实施了某种犯罪活动而被追诉，但是其参与诉讼程序绝非主动有意参与，而是被动受诉进入。因此，笔者认为，在审查起诉阶段，当事人中的犯罪嫌疑人不应属于公民参与司法的主体范围之内。其次，被害人的主体地位问题。由于被害人是在犯罪活动中人身或财产权益受损的一方，似乎应与作为追诉犯罪主体的检察机关结成天然的联盟，而其在诉讼过程中却始终不具有独立的主体地位，故被害人常常因此被定性属于控诉一方。那么，这种与检察权利益的一致性是否就导致将被害人排除在公民参与司法的主体范围之外呢？答案当然是否定的。检察机关作为追诉犯罪的主体，代表的是以社会安全、公共秩序为内容的社会公共利益。而直接遭到犯罪行为所侵害的被害人的利益，虽然在一定程度上会与社会公共利益重合，但是两者间的利益确实存在差异。这一点体现在现行刑事诉讼法第 145 条的规定中。如果对检察院的不起诉决定不服，被害人有向上级检察院申诉的权利；上级检察院维持不起诉决定的，被害人有直接向法院起诉的权利。很明显，起码在这一点上，被害人的利益与检察权行使所代表的社会公共利益存在对抗和冲突，被害人相关救济权利的行使可以视为对检察权行使的监督和制约。而且，“被害人基于实现使被告人（犯罪嫌疑人）受到合法的报应这一要求，具有积极主动地参与诉讼过程、影响裁判结局的愿望”①，故笔者认为，将当事人中的被害人归入公民参与司法的主体范围之内应属合理。

2.其他公民的主体地位分析

公民对知情权的强烈诉求要求封闭运作的司法权接受公民的

① 陈光中.刑事诉讼法.3 版.北京：北京大学出版社、高等教育出版社，2009：80.

参与和监督。需要注意的一点是，是否除当事人之外的所有享有公民权利的公民都应被纳入到公民参与司法的主体范围之内呢？在审查起诉阶段，主要针对的是对检察权的监督和制约以至使检察权的公信力提升问题。“如果大部分社会力量，包括公民本身能够加入检察机关遵循法律程序行事，那这种制度就是一种稳定的、受重视的和周期性发生的行为模式……但是在这种动态的参与过程中，必须要注意保证交流的有序性。因此，必须实现民众的司法参与的制度化。”[①]不仅如此，为保障公民参与司法而不对司法权正常行使造成肆意干涉，有必要对公民参与司法的主体范围在制度上予以界定。就如 2003 年最高人民检察院推广的在查办职务犯罪案件中拓宽外部监督的改革措施——人民监督员制度。人民监督员有权对检察机关在“三类案件”“五种情形”和“一种情况”[②]中的行为进行监督，并提出相关建议和意见，从而实现了对检察权行使的监督和制约。

在实践中，还存在着媒体监督和以互联网为基础的网络舆论监督的司法参与问题。基于宪法赋予公民的言论、出版自由的权利，再戴上“民意代表”的帽子，媒体监督和网络舆论监督作为公民参与司法的重要途径，受到越来越多的民众的追捧。媒体监督和网络舆论监督为司法诉讼提供了重要来源和线索，也作了司法程序正常有序进行的推手，确实功不可没。但是，不可否认的是，这种公众参与司法会“因参与渠道的非规范化导致参与手段的非理性化”“因参与主体的无组织化导致参与过程的无序化”以及“因参与意见的情感偏向性导致参与效果的低效性”[③]，进而不仅未能实

① 刘涛. 和谐社会之有序性对检察事业的新要求. 理论界，2008(5).

② 《最高人民检察院关于人民监督员监督“五种情形”的实施细则(试行)》《关于适用〈最高人民检察院关于实习人民监督员制度的规定(试行)〉若干问题的意见》。

③ 陈发桂. 论网络环境下我国公众司法参与的制度化建构. 云南行政学院学报，2010(4).

现公民参与司法的监督司法权的目的和意义，还可能会对司法权的独立行使造成侵害，“李庄案”本身就是媒体和舆论干预司法的典型。以上的种种诟病，对其进行制度化建构和改造才是良方。

（二）公民参与司法的权利范围探析

1. 诉讼参与人的权利范围——以被害人为例

根据我国现行刑事诉讼法第145条的规定，在审查起诉阶段，被害人对检察权行使的监督和制约，即其救济权利，主要体现为对不起诉决定的申诉权以及“公诉转自诉”的权利。但是由于法律设置的不完善，被害人在审查起诉阶段的各项权利难以真正落到实处。尤其是在“公诉转自诉”中被害人的权利落实存在诸多困难。例如，自诉案件中，公诉机关因被害人的自诉而不再承担追诉责任，被害人承担了本应由国家机关追诉犯罪的职能，这显失公平；对被害人苛以如此重负，却并没有明确规定被害人享有调查收集证据的权利，更没有规定被害人调查收集证据的方法和程序，被害人收集调查证据无法可依。在司法实践中，被害人难以通过自己的力量获得成功起诉所必需的证据材料，尽管花费诸多时间、精力却难以保证胜诉的结果。上述种种，意味着被害人对自身权利的维护无法实现，更何况其参与司法活动对检察权的监督和制约。现行法对被害人参与司法活动的权利保护明显不足，故有学者提出，[①]加强被害人在检察机关审查起诉活动中的参与权，可以通过完善和细化立法的现有规定的方式。但是，上述立法的细化规定要想真正地在司法实践中发挥作用，不能寄希望于检察官对上述规定的自觉遵行，而是应当赋予被害人一定的监督制约检察机关的手段，以制度来保障权利的实施。具体来说，为保障被害人的权利得到更好的维护，可以考虑取消自诉程序，赋予被害人直接启动

① 岳德印.完善被害人在审查起诉程序中的参与权——兼论人民监督员职权的扩展.网络财富，2008(9).

刑事诉讼的权利。只要被害人启动刑事诉讼，除非有法定事由，公检法机关就必须将诉讼活动进行下去。这样，虽然可能会在一定程度上浪费司法资源，但是足以构成对检察权可能被滥用或不作为的监督和制约，以实现公民参与司法的监督权和独立行使司法权之间两者的平衡。

2. 其他公民的权利范围

上述已经提及，在审查起诉阶段，人民监督员有对检察机关在"三类案件""五种情形"和"一种情况"中的行为进行监督，并提出相关建议和意见的权利。这种权利属于建议权性质，不具有刚性效力，[①]而这一点恰恰是由人民监督员制度的本质所决定的。虽然人民监督员制度的司法改革初衷是用来解释"作为国家的法律监督机关，人民检察院自身的司法活动由谁监督"这一问题的，但是任何新制度的创设都不能违背宪法中所规定的检察权的独立行使，因此，人民监督员制度只能具有建议权性质，而不具刚性效力，任何将其"异化为凌驾于检察权之上的决定性权力"[②]的意图都是徒劳的。但是不可否认的是，人民监督员制度的建议权性质使得其作为一项外部监督机制，监督效力完全取决于检察机关自身是否认真对待，从而极易成为或被民众误解为一种"作秀"。人民监督员参与司法活动的监督权被架空，与行使司法权之间两者的制衡完全不能实现，这一问题实质上成为人民监督员制度设计中的一个瓶颈。因此，参加监督的多数人民监督员对于上一级检察机关的复核结果依然不同意之时，应如何处理的问题不能回避，这一问题根本上是司法权和公民参与司法监督权之间的张力的体现。人民监督员对检察机关有异议的监督意见可能是出于对法律的不同理解，也可能是合"情理"而不合法律，在这种情形下需要有一个

① 秦前红、宦吉娥. 人民监督员制度发展完善的若干思考——以人民陪审员制度与人民监督员制度之比较为视角. 湖北民族学院学报，2009(1).

② 韩大元. 中国检察制度宪法基础研究. 北京：中国检察出版社，2007：424.

甄别机制，对于法律的不同理解可以通过寻求权威的第三方解释来解决，这样才能实现公民参与司法对司法权的制约。但是，这一制约是有限度的，对于“情理”与“法律”之争，则不能在法外为了所谓的社会效应而牺牲宪法和法律的权威，应当严格依照法律办理，再寻求政治途径通过修改法律和宪法吸纳民意来解决问题。①

在现行法律规定无法满足公民参与司法能够真正对司法权的行使实现监督和制约的前提下，扩大公民参与司法的权利范围的思考是具有一定合理性的。但是，鉴于审查起诉阶段检察权具有封闭行使的特性以及宪法中所确认的检察权独立行使的原则，若想在公民参与司法的权利范围这方面有所拓展和创新，仍须实现民众司法参与的制度化。

5.3 审判阶段

5.3.1 审判参审团制度

通过前文对“中国特色陪审团”在我国运行的分析，其与现代陪审制是根本不同的，英美陪审团是审判组织，独立决定被告人是否有罪；而“中国特色陪审团”并非审判组织，无权独立做出富有法律意义的裁判，虽“可以对案件的事实和定性进行全面讨论并发表意见”，但其意见对于合议庭仅具有“参考”意义。其次，与参审制相比也存在根本的区别：在参审制下，陪审员与法官拥有同等权力，参加合议并独立发表意见；而“中国特色陪审团”的成员不参与合议庭的评议，其意见只是作为由法官组成的合议庭定罪量刑的参考。相比之下，“中国特色陪审团”制度不伦不类，有学者将其称

① 秦前红、宦吉娥.人民监督员制度发展完善的若干思考——以人民陪审员制度与人民监督员制度之比较为视角.湖北民族学院学报，2009(1).

为“非驴非马”的改革。[①] 笔者认为，“中国特色陪审团”改革与现代司法民主是相悖的，应当回归到现行法治的轨道上才能真正发挥作用。因此，审判阶段的公民参与司法应在我国人民陪审员制度之上进行改造才有出路。具体而言，就是由多名“陪审员”与 3 名职业法官共同组成审判参审团，这才是陪审改革的应有归宿。

（一）审判参审团审理案件的范围

为了调动陪审员的积极性，真正发挥其作用，必须科学设定适用审判参审团审理的案件范围。在实行陪审制的现代国家，多将其适用范围限定为重罪案件。如在日本，“人民裁判员”参加合议庭审理的案件仅限于重大案件，包括两类：一类是法定刑为死刑或无期徒刑的案件，另一类是故意犯罪引起被害人死亡的案件。据估计，适合人民裁判员审理的案件每年仅有 3 000 件左右。在法国，只有重罪案件，即可能判处 10 年以上有期徒刑或者无期徒刑的刑事案件，才适用参审。在俄罗斯，原则上，陪审制只适用于可能判处 10 年以上监禁或者死刑的案件（《俄罗斯联邦刑事诉讼法典》第 30 条、第 31 条）。然而，我国一些基层法院陷入了“唯数字论”的误区，即认为适用陪审的案件越多，陪审制发挥的作用就越大。其实片面强调适用陪审的案件数量与比例，恰恰减弱、冲淡了陪审制的功能。[②] 笔者认为，对于陪审的适用范围，应重“质”而非“量”，陪审的实效远比适用的案件数量更重要，这应作为规定陪审适用范围的基本原则，尤其现代陪审是一项昂贵的、略显奢侈的制度。

结合国际经验与本国国情，我国适用陪审的刑事案件应限定

---

① 汪建成. 非驴非马的“河南陪审团”改革当慎行. 法学，2009(5).

② 其实，陪审员在法庭上是否发问只是一个表象，与是否发挥实质作用并无直接联系。在实行陪审团审判的国家，陪审员只能“听审”，而无须发问，没有人对陪审团的作用表示怀疑，关键是陪审团实际上独享案件事实判断权即定罪权。同样，在中国，评价陪审员是否发挥作用，应当关注陪审员是否真正享有平等的评议机会与表决权。

为有重大争议的案件与量刑极重的案件，如可规定适用普通程序审理的被告人不认罪且申请适用陪审的案件与被告人可能被判处无期徒刑、死刑的案件适用陪审，这种权利式陪审与法定式陪审相结合的方式，更具有现实意义和必要性。因为对于这两类案件而言，定罪或量刑问题可争议性强，更需要民众智慧的发挥及民意的表达；庭审更具中心化、实质化与对抗性，人民陪审员在认定事实与适用法律时更具有发挥作用的空间，其作用也更易于显现；更能发挥陪审员制衡法官的作用，更利于体现司法民主、保障个人权利以及提高司法的公信力。①

（二）审判参审团成员人数

审判参审团人数不宜过少，以保障其民主性。审判参审团人数又不宜太多，以避免加大合议难度。因此，笔者认为，合议庭由9名参审员和3名职业法官组成为宜。

（三）审判参审团成员的职责定位

废弃目前所规定的人民陪审员与审判员具有同等职能的做法，规定审判参审团仅具有事实认定权，而不具有法律适用权。合议庭适用法律。

（四）审判参审团成员的来源范围

除3名职业法官外，另外9名参审员的资格为：

（1）一般资格设定："年满十八周岁、具有初中以上学历且依法享有政治权利的中国公民可担任人民陪审员"。理由为保障陪审制的民主性，参审员的资格设定不宜过高，大抵与选民资格一致。同时，参审员还应具备一定的中文读写能力和理解能力。考虑到中国目前已大力普及九年义务教育，因此，笔者建议将初中以上学历作为陪审员参审员的资格门槛以保障陪审员参审员来源的广

① 刘计划．中国陪审制改革之检讨//公民参与司法研究．北京：中国法制出版社，2011.

泛性。

(2)职责不兼容:“人民代表大会常务委员会的组成人员,人民法院、人民检察院、公安机关、国家安全机关、司法行政机关的工作人员和执业律师等人员,不得担任参审员”。理由为保障参审员独立,有效行使职权,立法部门、行政部门及司法部门的常设工作人员不应成为参审员。

(3)不适格人员:下列人员不得担任参审员,“因身体健康状况或精神状况不能履行陪审之职责的、因犯罪受过刑事处罚的、正在被起诉或已被拘留或逮捕、被开除公职的个人”。

(4)职责豁免:下列人员经申请可不担任参审员,“七十周岁以上的公民,在最近两年内担任过参审员的公民,存在其他重要事由如家庭负担过重、生病、因公出国等经基层法院认定为有效的公民”。

(5)法律责任:参审员有下列情形之一,经所在基层人民法院查证属实的,应由基层人民法院院长免除其参审员职务,并处罚金,“无正当理由,拒绝参加审判活动,影响审判工作正常进行的;被选任参审员的公民故意向相关官员作出虚假陈述以逃避履行该义务的;明知其不符合条件或没有资格而参加陪审团审判的”“参审员违反与审判工作有关的法律及相关规定,拘私舞弊,造成错误裁判或者其他严重后果并构成犯罪的,应依法追究刑事责任”。[①]

(五)审判参审团意见的有效性

审判参审团一致通过的事实认定意见,职业法官必须尊重;如果确有错误,只能到二审的审判予以推翻。审判参审团以多数意见通过的事实认定,职业法官原则上应当接受。如果审判参审团对案件的事实认定未能形成多数意见的,应当将案件提交审判委员会讨论决定。

---

① 施鹏鹏.陪审制研究.重庆:西南政法大学,2007.

5.3.2 轻罪案件的调解

他山之石,可以攻玉。首先我们通过对比两大法系刑事调解制度,从而找到解决我国问题的最佳途径。西方国家刑事调解制度一般主要可分为两大类型:被害人-加害人调解模式(Victim-Offender Mediation)和团体会议模式(Group Conferencing)。由于不同的风俗文化、历史传统,这些模式在不同法系的国家也有不同的体现和发展。总结起来,它们有如下的共同点:一是主要适用于对青少年犯罪人的矫正;二是主要适用于轻微刑事案件;三是强调在被告人承认犯罪的前提下双方的自愿性;四是以社区自治为基础,体现了个人本位和社会本位的价值取向;五是以着眼未来和关系重建为目的;六是期望有调解结果,但更注重对话;七是发挥当事人主体性和创造性的程序条件。但两大法系在适用具体案件范围、主持人、参加人、程序规则等方面也存在差异。英美法系国家在当事人主义和正当程序观念的影响下,充分尊重当事人的选择权和处分权,刑事调解适用案件范围广泛,并有相当严密的程序规范,同时注重社区的参与,突出强调被害人的伤害叙说和被告人的责任承担。大陆法系国家在职权主义的影响下,国家司法机关的权力在刑事诉讼中居于主导地位,调解一般附属于刑事追诉程序,当事人处分权较小,案件适用范围狭窄,无严格的程序规则规制,其调解的参与者范围有限。

通过以上论述,国外刑事调解给我们的一些启示:

国外刑事调解制度让刑事被害人更多地介入到刑事诉讼中,强调公民参与司法,以当事人为重心,以社会关系的恢复为目的,渗透刑事诉讼化解矛盾的力量,这对完善我国刑事调解制度具有很好的启示作用:

1. 扩大刑事调解的范围

《刑事诉讼法》第 172 条和第 170 条规定,对于告诉才处理的案件和被害人有证据证明的轻微刑事案件，人民法院可以进行调解，对于公诉案件新的修正案只规定两种情形可以调解，这种规定过于狭窄与绝对。我们可以借鉴外国刑事调解立法，将刑事调解制度适用于 3 年以下有期徒刑的轻微刑事案件和所有未成年人犯罪的案件。因为这些案件的社会危害性小，适用调解也不致对国家、社会公共利益造成损害。尤其是对未成年的改造，鉴于未成人可塑性，应当以教育为主、惩罚为辅，将调解引进有助于帮助未成年改过自新。

2. 明确刑事调解适用条件和诉讼阶段

(1)应明确刑事调解的适用条件。①有证据证明存在犯罪事实，行为由犯罪人实施并且应当追究刑事责任。②被告人主动承认犯罪事实，并没有作无罪辩解。这是刑事调解的一个重要前提。因为被告人要是没有主动承认犯罪事实，说明对其行为没有认识到位；作无罪辩解说明主观认罪态度不好，不适合可以从轻减轻处罚的条件，也与“宽严相济”的原则不合。③犯罪人和被害人均自愿同意调解。这是调解制度的核心，也是意思自治的体现。最后就是调解制度要符合法律规定的范围。

(2)明确刑事调解适用的诉讼阶段。世界各国法律对调解制度的适用程序都不尽相同，有的适用审判前程序，有的适用审判中程序，有的则比较宽松，在审判前或审判中都可以。笔者认为，刑事诉讼毕竟是一件关于社会利益和个人利益的事，还是应当更为严肃，而且从节约司法成本、提高效率的角度出发，将刑事调解适用于审判前是较为合理的。同时刑事调解制度应当适用于一审程序，不论是二审和再审都不应当适用。因为二审和再审的启动就说明案件实体或程序存在争议，这与“被告人承认犯罪事实”的条件原理相悖。而且不论是二审还是再审所作出的刑事判决都是代表国家利益的国家公权力的一种表现，是国家对于当事人行为价值的判断，如果允许在二审或再审程序中适用刑事调解，调解成功的结果是宣布撤销或者变相撤销已经生效的刑事判决，这是对代表国家利益的国家公权力以及法院判决的权威性的亵渎，使得国家的意志服从于个人的意志，这是与法理的基本原理不符合的。

3.完善刑事调解制度的程序设置

(1)设定申请与受理制度。提出刑事调解申请人的主体，应当是由被害人、加害人、犯罪嫌疑人及其法定代理人提出。当事人的其他亲友以及诉讼代理人应当经过当事人授权才可以享有刑事调解的申请权。

(2)科学设定调解的具体步骤。主持人应当由司法工作人员承担。犯罪人是未成年人的，其法定或指定监护人应当参加。双方当事人还可以聘请律师辅助参与调解。当事人对办案机关的监督人或者调解主持人的身份有异议的，可以在调解前即时申请回避。

(3)调解应讲究方式方法。调解应当以被害和加害双方"面对面"座谈的方式进行直接，刑事调解的运作必须有合理的顺序，在双方达成一致意见基础上制作调解协议，由当事人以及在场参加人员签字盖章，督促双方履行。鉴于刑事调解诸多的制度价值，相信它一定可以更加丰富公民参与司法活动的途径，切实保障各方当事人在刑事诉讼中的权利。

5.3.3 证人作证制度

(一)证人作证新模式适用的对象

新的作证模式的产生主要是源于有关人员对证人作证的恐吓，这种作证模式旨在保护证人的现实安全与心理安全。据此，刑事诉讼中应当予以保护的证人应该包括两类：一是因作证而遭到现实的实际威胁者；另一类是虽没有现实或潜在威胁，但心理较脆弱，因作证而产生不安全感觉者。立法在制定证人作证模式时，应充分考虑到这两类证人。如前文所述，刑事诉讼法修正草案第六十一条只规定对于危害国家安全犯罪、恐怖活动犯罪、黑社会性质的组织犯罪、毒品犯罪等案件，如果证人受到威胁或潜在威胁，可以使用特殊的模式进行作证，这种证人作证新模式适用范围还是显得不够宽泛。例如，英国《1999 年青少年审判和刑事证据法》就规定了新作证模式可以适用于以下三类人员：①17 岁以下的青少年；②由于精神或生理紊乱，或者残疾、缺陷，可能影响到作证证词的人；③法庭认为，在庭审中作证，由于恐惧或忧虑而可能影响其作证证词的人。因此，我们在修订法律时，应充分考虑到对两类不同的证人，采用不同的作证模式。笔者建议，在现修正草案六十一条后面增加未成年人等心理较脆弱的证人作证模式的规定，尤其对未成年人或易受伤害证人应强制使用新的作证模式。

（二）证人作证新模式的种类

《刑事诉讼法》修正草案第六十一条对证人作证新模式进行了简单列举，如：①不公开真实姓名、住址和工作单位等个人信息；②采取不暴露外貌、真实声音等出庭作证措施；③禁止特定的人员接触证人、被害人及其近亲属；④对人身和住宅采取专门性保护措施等。但上述规定总的来看还是相对简单，作证方法还是较为单一，未能反映现代科学技术水平，或者语焉不详，让司法人员不知如何操作。英国《1999 年青少年审判和刑事证据法》就规定了较多供选择的具体作证模式，美国弱势证人作证模式的规定不像英国那样系统和条理化，美国只是在其《联邦证据规则》中确立了若干旨在保护未成年人等弱势证人的原则性措施，但联邦最高法院却通过一系列判例对弱势证人作证模式进行了一些具体引导。综合国外立法与司法经验，结合我国实际条件，我们在制定作证模式新种类时，可以考虑把现场连线与录像证词等成熟做法直接写入草案，这样更具有操作性。

（三）证人作证新模式适用的程序

我国《刑事诉讼法》修正草案第六十一条虽然规定：证人、鉴定人、被害人认为因在诉讼中作证，本人或者其近亲属的人身安全面临危险的，可以向司法机关提出予以保护的申请。但仔细研究，这一条款还是过于粗陋。其一，其规范的作证新模式提出主体过于单一；其二，它未能规范证人符合何种条件，司法机关就应做出相应决定的条款。这种立法会使司法机关在是否适用新作证模式上具有很大的任意性，不利于证人身心的保护。因此，笔者建议立法能够尽量规范一些具体条件，对有关人员提出申请，或司法机关出于证人等有关人员的保护目的而主动决定的，只要符合具体条件，司法机关就应当决定适用相应的证人作证新模式。[①]

5.4 执行阶段

通过前文的分析，在社区矫正法律化、制度化、程序化的过程中，我们要通过国家力量与社会力量的资源整合，充分发动公民参与矫正，使犯罪人既能得到教育矫正，又无须与社会分离，最终达到完全再社会化的目的。对公民参与社区矫正的途径和程序保障，主要反映在以下两个阶段：

（一）社区矫正的决定阶段

只有先做出公正合法的社区矫正决定，才有让罪行较轻、主观恶性较小、社会危害性不大的罪犯或者经过监管改造、确有悔改表现、不致再危害社会的罪犯有在社区中接受教育改造，尽快回归社会的可能。如何才能作出公正的社区矫正决定呢？笔者认为，这有赖于社区矫正决定程序中以下两个部分的公民参与：

（1）社区矫正决定前的人格调查程序。人格调查制度是指在法院及其他有关机关在做出社区矫正的判决、裁定或决定前，由专门机构对犯罪人的犯罪背景、一贯表现等进行专门调查，并对其人

① 阮堂辉.论我国证人作证模式的改革与完善.湖北社会科学，2011(11).

身危险性和再犯可能性进行系统的评估，然后将调查与评估报告提交法院或其他有关机关，供裁决时参考的一种制度。这一制度起源于美国的缓刑资格调查制度，现已有不少国家和地区采用。裁决前的人格调查制度，是犯罪人再社会化原则和刑罚个别化原则的要求和体现，因此，法官在决定是否适用社区矫正时，不仅要考虑已然的犯罪行为，也要考虑犯罪人的人格状况，考虑如何有利于其再社会化。这就要求建立裁决前的人格调查制度，以便为正确适用刑罚提供参考。

因为社区矫正的罪犯不是被关押在监狱而是留在社会，所以在决定对罪犯适用社区矫正时，首先要考虑其会不会危害社区安全和社会秩序，其次再关注能不能实现矫正效果。如何设置调查程序才能保证判断的可靠公正？由谁承担调查任务？向谁调查？

笔者认为，不能由法官进行调查，因为如果由承办案件的法官根据自己的调查结果做出社区矫正决定，他就要承担防止罪犯再犯罪的心理压力，而且由同一个人负责社区矫正的调查和决定，给司法腐败留下了隐患。从多数国家的做法看，裁决前的人格调查工作一般是由社区矫正机构来进行的，这样有利于保持法官的中立地位，从而对罪犯做出相对冷静、正确的裁判和决定。而且社区矫正机构及其工作人员植根于社区，在调查的开展上有着其他机构不具备的诸多便利。

另外，人格调查工作应对与罪犯有关的所有人和事进行，包括：①犯罪与违法行为的调查；②社会调查；③身心鉴定调查；④调查确认。尤其是社会调查需要公民的积极参与，不仅仅是被告人的近亲属，还应该包括他的邻人、同学、雇主、同事等与其日常生活有联系的人员，并且应当在社区中实地进行。基本程序的设置可以参考我国的调查取证程序，尤其是证人证言的调取。但是由于缺乏广泛的社会宣传与发动，目前我国社区矫正制度的群众认知度低，老百姓不了解、不理解为什么要在社区管理罪犯，对调查工作大多排斥、拒绝。同时，我国属于熟人社会，正所谓“低头不见抬头见”，许多公民害怕影响今后的人际交往而不愿意协助调查。[①]这与我国“证人出庭率低”的问题有相似之处。因此，应当加大社区矫正工作宣传力度，将相关政策法规向社会各界宣传，让公民认识到人格调查的重要性，并且与其自身利益息息相关。同时也要注意保障参与调查者的权益，矫正机构要严格按照法定程序向公民进行调查，在特殊情况下允许其申请不公开个人信息。当然，若公民为挟私报复或其他原因做出不实的陈述，也应对其进行相应的惩处，以保障犯罪人的合法权益。

(2)社区矫正决定过程中的听证程序。社区矫正是将罪犯放在社会上改造的制度，其效果如何同社区公众的支持、配合程度有很大关系。而要取得公众对社区矫正工作的最大支持，罪犯是否符合社区矫正的条件、社区是否具备矫正的环境、社会团体等社区矫正参与力量是否具有矫正的能力、社区居民是否能够容忍罪犯在社区执行刑罚，就不应当由法院、公安机关或监狱等公权力机关单方面决定，而应当通过召集相关各方进行听证，广泛征求意见最终决定罪犯能否进入社区矫正，保障社区公众对于社区矫正决定过程的知情权和参与权，使裁决建立在坚实的群众基础之上。[②]

社区矫正听证程序是对人格调查程序的监督，也是确保法庭能够公正做出社区矫正决定的最后一道程序。经过社区矫正判决前的调查过程，法院对罪犯的人身危险性有了基本的掌握，但并不能直接依据调查报告做出决定。我们必须允许参与各方从不同角度对罪犯的处遇发表意见，对调查内容的真实性进行质证确认，如此作出的社区矫正决定将更具公信力，容易为社会公众所认同和接受。听证程序是民主性和公开性的一个重要标志。但我国的听

① 冯卫国.构建我国社区矫正制度的若干思考.广西政法管理干部学院学报，2003(4).

② 汤尧.论社区矫正入矫听证的必要性.金陵法律评论，2010(2).

证制度和程序的建构不完善,公民的听证权利得不到有效保障,有的甚至不知道可以听证。不经听证就做出社区矫正决定,不仅不利于犯罪人合法权益的保障,也有损公民参与权的行使,剥夺了他们维护自身利益的权利。在设置社区矫正的听证程序时,我们应当注意以下几个方面:①听证的参与人除了案件原审法官、被害人及其代理人、被告人及其代理人,还应该有检察机关工作人员、司法行政机关工作人员、基层自治组织如居委会或者村委会工作人员、社区群众代表,其他社会公众应允许旁听。之所以要求如此广泛的参与人,是因为社区矫正是犯罪人不用待在监狱而是回到社会中服刑,这不仅直接涉及犯罪人的切身利益,也涉及司法机关的参与权、监督权,以及被害人与社会公众的知情权。②听证场所可以选在法院,也可以选在被告人所居住的社区。③听证内容主要是对之前人格调查所得的报告质证,还有就被告人的悔罪表现、量刑情节、再犯可能、社区矫正环境等进行陈述、申辩和核实。④各听证参与人在行使听证参与权的同时也必须遵守、履行听证义务,遵守听证程序安排,保障社区矫正听证的顺畅进行。

通过举行听证会,法院可以最大限度地准确裁判,避免暗箱操作的种种弊病,保证程序正义和实体正义的实现,同时可以调动社会公众参与矫正活动的积极性,促进监督、考察工作的落实,提高社区矫正工作的质量。

（二）社区矫正的执行阶段

执行阶段是社区矫正的重要环节,关系着社区矫正后的罪犯最终能否改造成功,顺利回归社会。社区矫正的执行不仅需要专门机关参与,更需要大量普通公民参与。一方面,因为矫正对象是生活在社区当中,生活在普通公民当中。与国家执行机关相比,他们更愿意与自己信任的亲属、朋友经常性的沟通和交流,建立平等的人际关系,感受社会的温暖。另一方面,社会力量介入社区矫正,是以一种平等主体的身份帮助矫正对象,方式多样而不具有强制性，这让矫正对象有被尊重的感觉，心理上比较放松，更容易接受教育矫正，从而更能实现矫正效果。从美国的社区矫正实践看来，公民参与社区矫正执行确实取得了不少积极效果。

笔者认为，借鉴外国的实践经验，并结合我国的多年试点成果，要调动广大民众参与到社区矫正中来，关键在于建立一支完备的社区矫正辅助工作队伍。社区矫正辅助人员是指协助社区矫正执法人员开展有关社区矫正工作的人员。他们的主要职责是在社区矫正执法人员的组织、领导或指导下，根据工作职能的划分，[①]对社区服刑人员开展某些方面的工作。其中包括专职的矫正社工队伍和兼职的社区志愿者队伍。在前面论述公民参与社区矫正的优势时，我们已经看到社工和志愿者的加入对矫正工作有着不可忽视的影响。司法部2004年颁布的《司法行政机关社区矫正工作暂行办法》对社区矫正工作者队伍的组建以及社区矫正志愿者的任职条件做出了初步的设定。我国社区矫正试点中的一些省也认识到公民参与社区矫正的重要性，纷纷成立了专门从事社区矫正的社会团体，如上海的新航社区服务总站、北京的阳光社区矫正服务中心等。然而，由于我国社区矫正处于起步阶段，公民参与社区矫正的潜力还远没有被发掘出来，对于社工和志愿者的选拔、管理、权利保障，我们还需要在今后社区矫正制度的构建中逐步完善。

社区矫正是一项专业性很强的工作，它不仅需要人们的献身精神和对社区矫正事业的巨大热忱，而且需要良好的专业工作能力和知识，因而必须重视社会辅助队伍的选拔及培训等工作。当前我国试点中尽管大都组建了社会志愿者队伍，但对志愿人员的培训几乎处于空白。借鉴国外的做法，同时结合我国相关学者的观点，社区矫正辅助人员应具备下列素质：①基本素质：热爱社区

① 吴宗宪.论社区矫正工作人员的种类与名称.中国司法，2005(12).

矫正工作，有爱心，具有奉献精神，忠于职守，在工作中具有创新意识。②工作素质：具备一定的社会个案工作知识和经验，包括洞察人的心理及情绪变化的能力，处理纠纷的能力；熟悉相关法律知识并能运用到实践中处理相关问题的能力；熟悉所在辖区内各机构及组织的工作内容，并充分运用这些资源的能力。③知识素质：法学理论与实务，心理学的基本理论与实务，社会行为学原理，管理学知识等的理解和运用。④责任素质：对服刑人员情况的保密责任，对服刑人员的帮助和服务责任，以及执行相关法律法规的责任等。另外据悉，政府工作人员以外的社区矫正辅助人的待遇也没有得到应有的保障，使得一些社区矫正工作人员的工作积极性锐减，甚至造成了矫正队伍的不稳定和人才流失。相同的工作性质和相同的工作强度应获得大体相同的待遇，“既要马儿跑得快，又不要马儿吃草”会造成社会工作者心理上的不平衡，严重影响社区矫正的效果。尽管志愿参与社区矫正的人是无偿提供服务的，但我们可以给他们提供一定的补贴或津贴，补偿他们在从事矫正工作中的必要花费。

社区矫正以一种崭新的理念实现着刑罚执行方式的转变。强调公民参与社区矫正，不仅需要让他们认识到社区矫正与自身利益的密切关系，而且需要提高参与公民的整体素质。在社区矫正的过程中，在诸项利益的冲突中，不仅要处理好“服刑人员的权利保障和被害人的权利保障的平衡”，而且要处理好“社区居民权利保障与服刑人员权利保障的平衡”。总之，只有协调处理好各方的利益关系，才能使公民参与社区矫正的优势得到充分的发挥，逐步建立和完善社区矫正制度，乃至进一步推动我国刑事司法体制改革的进程。

参考文献

[1] 陈卫东.公民参与司法问题研究.北京:中国法制出版社,2011.

[2] 陈卫东.模范刑事诉讼法典.北京:中国人民大学出版社,2005.

[3] 陈瑞华.比较刑事诉讼法. 北京:中国人民大学出版社,2010.

[4] 胡铭.刑事司法的国民基础研究.杭州:浙江大学出版社,2008.

[5] 胡铭.刑事司法民主论. 北京:中国人民公安大学出版社,2007.

[6] 姜小川,陈永生.国外陪审制的起源与变革. 北京:中国法律出版社,2006.

[7] 刘晴辉.中国陪审制度研究.成都:四川大学出版社,2002.

[8] 李昌林.民众参与刑事审判比较研究. 北京:人民出版社,2007.

[9] 施鹏鹏.陪审制研究.北京:中国人民大学出版社,2008.

[10] 爱伦·豪切斯泰勒·斯黛丽,南希·弗兰克.美国刑事法院诉讼程序.陈卫东,徐美君,译. 北京:中国人民大学出版社,2002.

[11] 松尾浩也.日本刑事诉讼法.丁相顺,译. 北京:中国人民大学出版社,2005.

[12] 斯东 I F.苏格拉底的审判.董乐山,译.上海:上海三联书店,1998.

[13] 朱塞佩·格罗素.罗马法史.黄风,译. 北京:中国政法大学

出版社,1998.
[14] 亚里士多德.政治学.吴寿彭,译. 北京:商务印书馆,2009.
[15] 贝卡利亚.论犯罪与刑罚.黄风,译. 北京:中国大百科全书出版社,1993.
[16] 罗尔斯.正义论.何怀宏,译. 北京:中国社会科学出版社,1988.
[17] 三重野真人.日本裁判员制度及其实施.中日司法改革研讨会.
[18] 安东.公民参与司法,提高司法公信力.人民司法,2009(19).
[19] 陈红,杨爱萍.关于完善人民陪审员制度的对策思考.河北学刊,2010(2).
[20] 陈发桂.网民激情与司法民主.浙江人大,2010(9).
[21] 陈松林.从司法民主看人民监督员制度的正当性.法学杂志,2010(1).
[22] 葛天博.重读“马锡五审判方式”.西南政法大学学报,2009(4).
[23] 樊崇义.日韩司法制度改革概述.中国司法,2008(6).
[24] 顾永忠,薛峰,张朝霞.日本近期刑事诉讼法的修改与刑事司法制度的改革——中国政法大学刑事法律中心赴日考察报告.比较法研究,2005(2).
[25] 郭道晖.尊重公民的司法参与权.国家检察官学院学报,2009(6).
[26] 韩德明.司法民主语境中的司法制度重构.浙江工商大学学报,2009(5).
[27] 胡弘弘,邓晓静.公民的司法参与权研究.现代法学,2007(6).
[28] 黄滨滨.简论现行人民陪审员制度的完善.法制与社会,2011(3).

[29] 刘慧.英美陪审制度的生命力及原因探析.法制与社会,2011(3).
[30] 刘晴辉.对中国陪审制度的实证研究.四川大学学报,2007(1).
[31] 陈朝华.英国大陪审团制度的历史考察.重庆:西南政法大学,2006.
[32] 刘晴辉.中国陪审制度研究[D].成都:四川大学,2006.
[33] 施鹏鹏.陪审制度研究[D].重庆:西南政法大学,2007.
[34] 安宁.见证人制度的实施有待规范.检察日报,2011-08-17.
[35] 陈卫东. 完善公民参与司法:司法改革的又一路径.检察日报,2011-08-09.
[36] 陈实,尹建国.私人调查机构执业活动与隐私保护应均衡.检察日报,2008-09-15.
[37] 陈新.中院将全面实施重大案件审理陪审员首度陪审制.西安日报,2010-08-24.
[38] 丁相顺.被误解的日本"民众参与司法".检察日报,2009-09-17.
[39] 李洪朗.审判改革:扩大治安法官权限——英国《司法改革白皮书》内容之二.检察日报,2003-04-10.
[40] 李游.英国陪审制促进理性司法.中国社会科学报,2010-07-06.
[41] 汤维建.建立有中国特色陪审团实现民主司法.人民政协报,2011-08-18.
[42] 张伯晋.公民参与司法:完善路径、方式是关键.检察日报,2011-07-06.
[43] Brendan Linehan Shannon. The Federal Magistrates Act: A New Artical III Analysis for a New Breed of Judicial Officer, 33 William and Mary Law Review, 1991(1).

[44] Thaddeus Hoffmeister. The Grand Jury Advisor: Resurrecting The Grand Jury's Shield, Journal of Criminal Law and Criminology, 2008.

[45] Ira P Robin. Magistrate Judges, Article III, and the Power to Preside Over Federal Prisoner Section 2255 Proceedings. Federal Courts Law Review, 2002, 2.